Kulturstiftung Sibirien

Методические рекомендации (материалы) учителю ительменского языка

Халоймова Клавдия Николаевна

Verlag der Kulturstiftung Sibirien
SEC Publications

Bibliografische Informationen der Deutschen Nationalbibliothek:
Die Deutsche Nationalbibliothek verzeichnet diese Publikation in der Deutschen Nationalbibliografie: detaillierte bibliografische Daten sind im Internet über <http://dnb.d-nb.de> abrufbar.

Kulturstiftung Sibirien | Фонд культуры народов Сибири
SEC Siberian Ecologies and Cultures Publications

Серия: Языки и культуры народов Дальнего Востока России
отв. редактор серии: Э. Кастен

К. Н. Халоймова
Методические рекомендации (материалы)
учителю ительменского языка

В пособии даются рекомендации, табицы в помощь учителю, возпитателю детского сада, интерната для организации изучения ительменского языка, культуры и быта ительменов для знакомства и желающим изучить язык.

Первое издание:
Издательство «Камшат», Петропавловск-Камчатский (1999)

Electronic edition:
http://www.siberian-studies.org/publications/PDF/khaloimova1999.pdf

ISBN: 978-3-942883-23-8

Printed in Germany

Халоймова Клавдия Николаевна

МЕТОДИЧЕСКИЕ РЕКОМЕНДАЦИИ (МАТЕРИАЛЫ) УЧИТЕЛЮ ИТЕЛЬМЕНСКОГО ЯЗЫКА

ОБЩИЕ СВЕДЕНИЯ

В программе Совета Возрождения ительменов Камчатки "*Тхса'ном*" ("Рассвет"), созданного на 1-й конференции в Ковране в 1989 г., есть 4-й раздел – воспитание и образование –, в котором записаны следующие задачи:

- возвратить семье функции воспитания детей, ориентируясь на преемственность и бесценный опыт поколений;
- возродить ительменский язык через преподавание в детском саду, школе, кружковую работу, создание живой языковой среды в быту и художественном творчестве, стенной печати и других средствах массовой информации;
- готовить преподавателей ительменского языка.

Предлагаемое учителю пособие "*Аӈчпа'ӆнокэ*" ("Для обучения") поможет в достижении поставленных выше задач.

Цель учебно-воспитательного процесса как важнейшая часть перестройки современной школы побуждает учителя к всестороннему анализу своей практики, самооценке сложившейся системы преподавания, поиску наиболее эффективных способов обучения, творческому преломлению передового опыта коллег, нацеленности на собственные оригинальные подходы в работе.

Данное пособие предназначено в помощь творчески работающему учителю, а также начинающему молодому педагогу.

Было время, когда создавались методические поурочные пособия. В отличие от таких пособий, данное содержит лишь общие указания по проведению урока. Учитель, творчески обдумывая проведение своего урока, может по своему усмотрению подготовить его, подбирая в пособии материал или составляя подобный, дополняя предлагаемый дидактический материал в приложениях к пособию.

Пособие состоит из разделов:

1) Урок;
2) Приложения.

УРОК

Основной организационной формой учебного процесса по изучению родного языка является урок. Уровень обучения любому предмету обусловлен степенью эффективности каждого урока. Ценность любого урока определяется его "вкладом" в общую систему обучения и воспитания, прежде всего в систему уроков.

Да, прежде всего урок. Урок – творческий акт. Учитель и учащиеся мобилизуют физические, интеллектуальные и эмоциональные силы.

Тип урока – это процесс овладения учебным материалом. Значит, он должен определяться этапами и характером работы над материалом:

– урок объяснения нового материала и его закрепление;
– урок закрепления знаний, умений и навыков;

– урок повторения;
– урок с опросом;
– уроки сообщения ребят о своих наблюдениях над языковым материалом;
– уроки-встречи с интересными людьми;

по чтению:

– уроки чтения текстов по программе, их пересказ; (целью уроков является выработка осознанного, правильного, беглого и выразительного чтения, умения работать с книгой, развитие логического мышления, привитие навыков анализировать прочитанное, сопоставлять факты, давать характеристики персонажам, оценивать поступки действующих лиц);
– уроки-анализ сказок, легенд, загадок, пословиц (особенно, если ребята ходят из дома в дом и записывают их);
– уроки слушания родной речи с целью развития фонематического слуха у детей, что необходимо для выработки умения правильно слышать и говорить, для этого используется живая связь с носителями языка, грамзапись или магнитофонная запись;
– урок проверки знаний, умений, навыков – это могут быть контрольные, самостоятельные, письменные работы;
– урок работы над ошибками;
– уроки по развитию речи – составление предложений, сочинения, изложения, работы по картине и т.д. Работа по развитию речи должна быть краткой и проводиться на каждом уроке.

Возможно какие-то типы уроков учитель может и не использовать, но тогда он сумеет построить урок комплексно, т.е. в него войдут и объяснение, и закрепление, и опрос и прочие компоненты урока. Такой урок требует также мастерства учителя, которое приходит с годами работы при усиленном стремлении научиться и учить детей.

ПОДГОТОВКА УЧИТЕЛЯ К УРОКУ

Готовясь к уроку, учитель должен не упускать следующие моменты:

1) Тема и обдумывание цели урока в связи с общим планированием по родному языку по четвертям учебного года и с прохождением очередной программной темы.
2) Подбор, изучение – иногда изготовление – материала.
3) Обдумывание методической стороны урока:
   - распределение материала по времени;
   - выбор методических приемов для его изложения и усвоения учащимися;
   - выбор форм организации учащихся для работы;
   - определение способов учета знаний, навыков и умений и т.д.
4) Составление плана с записью в нем конкретных примеров, вопросов, видов упражнений с указаниями на страницы учебника, заглавия статей, номера упражнений, если материал берется из учебника.

Примерная схема подготовки учителя к уроку чтения по букварю такая:

1. Тема и цель урока.
2. Какой нужно повторить звуковой, буквенный, слоговой и словарный материал из пройденного.

3. Какая новая буква будет дана и на каком слоговом, словарном и текстовом материале.
4. Какие в этом материале встречаются трудности.
5. Как эти трудности лучше преодолеть.
6. Какие наглядные пособия (картины, предметы, макеты и т.д.) необходимы для урока.
7. Какой необходим дополнительный к букварю (слоговой, словарный, текстовой и т.д.) материал для совершенствования навыков чтения.
8. Какие виды и методы работы можно применить на уроке (игры, заучивание слов, декламация, пение, рисование и прочее).
9. Задание на внеурочные часы.

Или вот такой, тоже примерный, план **урока-беседы**. Содержание уроков-бесед будет меняться в зависимости от слов и оборотов речи, которые будут изучаться на данном уроке. Но учитель придерживается определенного плана проведения бесед, чтобы на каждом уроке ученики систематически повторяли усвоенное и знакомились с новым материалом.

Схема плана:

1) повторение пройденного.
   а) слова и их значение;
   б) правильное произношение;
   в) обороты речи с пройденными словами.

2) усвоение нового материала:
   а) слушание новых слов и понимание их значения;
   б) упражнения в правильном произношении новых слов;
   в) употребление новых слов в известных оборотах;

г) знакомство с новыми оборотами речи, в которых находят место ранее пройденные и новые слова;
д) закрепление в памяти новых оборотов речи и новых слов.

3) Задание на дом.

СТРУКТУРА УРОКА

Хотя каких-то стабильных схем урока нет, учитель сам должен творить, но он, как правило, придерживается обязательных моментов урока:

- сообщение темы и цели урока;
- чистописание;
- фонетическая зарядка;
- словарная работа;
- выявление навыков, умений и знаний ранее изученной темы;
- самостоятельная работа;
- подведение итогов работы на уроке;
- задание на дом – разъяснение.

ХОД УРОКА

Ход урока определяется по содержанию материала, грамматического вопроса, письменной работы, читанного рассказа и т.д.

Тема – *что* изучается на уроке, т.е. здесь важно разделить это понятие на два момента: общая и конкретная. Например, общая тема – "Разговорные уроки", конкретная тема – "*Сәмт*"

("Родина, земля"); "*Новаӈном*" ("Столовая"). Все конкретные темы подчинены общей количеством часов. В зависимости от объема конкретной темы, ей отводится соответствующее количество часов. И количество часов всех конкретных тем должно совпадать с количеством часов общей темы.

Цель – для чего делается (изучается) это *что*. Важно, чтобы не только учитель, но и ученик, весь класс уяснил эту цель. Формулировка цели урока лучше всего дается в категорической форме и определенной, а не общей: "Сегодня мы выучим – *нэ'н муззa'н наьчпӈкичэн*", (а не поговорим или будем говорить), "Напишем – *нкэ'ьлаӈкичэн*" (а не будем писать). Поэтому в конце урока учитель сам увидит и определит, выполнил ли он то, что обещал, а ученик будет видеть в каждом уроке определенное звено в процессе изучения языка.

ОБОРУДОВАНИЕ (ИЛИ НАГЛЯДНОСТЬ) УРОКА

На уроках необходимо постоянно применять наглядность: картины, дидактический материал и технические средства обучения. Это способствует усвоению и закреплению изученного на уроке и служит также средством проверки знаний учащихся.

В период устного курса в начальной школе, да и не только в начальной, могут быть использованы наглядные пособия:

- натуральные предметы;
- картины с изображением предметов, действий;
- картины-плакаты с изображением нескольких предметов, относящихся к одной теме, например: предметы домашнего обихода, птицы и животные, одежда и обувь и т.д.;
- сюжетные картины типа: "Наша школа – *мэзвин ансэ'ӈ-*

ном", "Наш класс – *мэзвин класс*", "Семья – *тынну'н*"... картины, изображающие игры детей;
- оборудованием к уроку может служить и обстановка класса.

Следует в дальнейшем указывать, какие исторические справки о народе будут использованы. Например, при изучении слов *ач'ал, ьэпхэ, спэ', мумх, оромх,* (берестяная посудинка для сбора ягод, травяная корзинка, камень-толкушка, последние два слова означают также посудинки из бересты).

Ушинский К.Д. говорил: "Начните показывать картины и класс заговорит, а главное заговорит свободно, непринужденно" (Соч. т. 7, изд. М.–Л. 1949 г.). Таким образом, наглядность – ключ к успеху.

ФОНЕТИЧЕСКАЯ ЗАРЯДКА (ИЛИ АРТИКУЛЯЦИЯ)

Артикуляция (членораздельное выговаривание) – работа органов речи, необходимая для произношения определенного звука речи.

Задача учителя в этом ежедневном (ежеурочном) моменте создать артикуляционную базу, т.е. свойственные говорящим на данном языке положение и систему движений органов речи при произношении звуков этого языка.

Необязательно выделять специальное время, отдельное от других разделов урока. Такая ситуация в проговаривании, в правильном проговаривании звука может возникнуть в ходе урока.

Учитель напоминает ученикам, или сами ученики вспомнят, что звук – это то, что мы произносим и слышим, буква – графический знак, который мы пишем и видим.

Зачем нужна такая каждодневная кропотливая работа над

звуком? Да, это очень важная работа. От неправильного произношения того или иного звука меняется произношение слова, а значит изменяется значение слова: или оно теряет смысл, или обретает другое содержание, например:

ҳӑмԓҳ (жир) – *хәмԓх* (огонь)
ҝтҳӑӈ (нога) – *ктхәӈ* (голова)
ҝәԓч'ум (комар) – *к'әԓчум* (неправильное произношение)
ҝавач (корюшка) – *к'авач* (спина) и др. примеры.

В Приложении 1 приведен примерный материал со специфическими звуками ительменского языка для работы над ними. Учитель вправе и сам подобрать нужный ему материал для формирования навыков произношения звуков, слогов, слов, не забывая, что ФОНЕТИКА – наука об условиях образования звуков человеческой речи.

ИЗУЧЕНИЕ ТЕМЫ ДАННОГО УРОКА

Как мы уже говорили то, *что* изучается (повторяется, закрепляется ...) – это и есть тема урока. Но на этом этапе урока важно кроме этого *что* еще и как, каким путем (образом) достичь уяснения, запоминания этого *что*.

При подготовке учителя к уроку обдумывается его методическая сторона. Здесь должно пригодиться все умение и стремление учителя дать на этом этапе урока, отведенном именно для этого время, все, что надо из данной темы и закрепить его.

Например (дается весь 1-й урок):

Тема: *Сәмт* (Родина, земля)
Цель: 1) Дать понятие о Родине, о родной земле.
2) Учить любить и беречь ее.

3) Познакомить со словами *сәмт* (Родина, земля), *тыʼн* (это), *нух* (вот), *сын* (есть – глагольная связка), *маʼ* (где).

Оборудование урока:

а) Букварь, стр. 3;

б) окружающий мир за окном.

ХОД УРОКА

1. *Сэзгод музан наӈчпақзаԉкичэн мәзвин итәнмнʼин кәрвэԉхэтас* (В этом году мы будем учить наш ительменский язык); *мәзвин кәрвэԉхэтас лэм чʼиныӈлаҳ, қаʼтх ттэʼан* (Наш язык тоже красивый, как и русский).

қʼилфсэссх: *сәмт* – Родина, земля;
тыʼн сәмт сын – Это родина;
маʼ сәмт сын? – Где земля?
нух сәмт – (показывает) Вот земля.

2. Дети уже послушали короткую ительменскую речь, куда вошли и изучаемые слова на этом уроке – эти все слова, из которых состоят маленькие фразы.

Теперь предстоит их учить и выучить:

а) Сначала проговорим *ә ә ә* – краткий звук без помощи губ; теперь *ʼ ʼ ʼ* – гортанный звук с предыханием (ставится справа после буквы сверху) (повторить 2–3 раза);

б) теперь звук, слог, слово *ә, сәм – сәмт, маʼ, тыʼн* (проговаривать четко, медленно и тихо, переводить на русский язык) – 2-3 раза.

3. Физминутка:

Қтэкэйссх (встаньте), причем сразу надо приучать детей к

пониманию родной речи, в данном случае некоторые действия.

а) Руки вверх – вот так,
Руки вперед – вот так,
Руки в стороны – вот так,
Руки опустить (по швам) – вот так.

б) Говорит только учитель: *нух ӈонкэ* и показывает те же движения.

в) Теперь все вместе говорят по-ительменски, а когда опустят руки по швам, скажут по-русски. Все повторить 2–3–4 раза:
нух ӈонкэ, нух ӈонкэ, нух ӈонкэ – вот так;
ӄлавулссх – садитесь; *исэӈӄ ӄлавулссх* – тихо садитесь.

4. Букварь *ӄэнӄэзсх* (откройте букварь):

а) *Ӈу'н крэсова'ан мэзвин сэмт* (здесь нарисована наша земля, родина);
љви ч'иныӈлаӽ сэмт (очень красивая земля, родина);
ӄлчких (посмотри, рассмотри).
Дети рассматривают страницу.

б) *Нэ'н окночанк ӄлчких* (теперь в окно посмотри);
лэм ч'инэӈӄ ӽу – (там тоже красиво);
ӄӈытэссх мэзвин сэмт (берегите, храните нашу землю).

5. *Исэӈӄ ӄлазсх* (тихо сидите):

Ӄлчкиссх букваранк мэзвин сэмт; *ч'инэӈӄ ӄлчкиссх* (рассмотрите в букваре нашу землю; хорошо смотрите).
Учитель пытается создать разговорную ситуацию:
– Когда я спрошу: *Ма' сэмт сын*? (где земля?);
– Вы скажете: *Нух* (или *ты'н*) *сэмт* (вот [или это] земля).

Учитель ходит от ученика к ученику, обращается к каждому:

– *Ма' сэмт сын?*
– *Нух сэмт сын* (вот земля, родина).
– *Ты'н сэмт сын* (это земля, родина).

6. Попытаться (можно сначала с переводом, потом без перевода) поговорить:
   – *Ма' сэмт окночанк сын?*
   – *Ма' сэмт букваранк сын?*
   – *Сақ ԓэрвэтэ'н наԋчпкичэн?*
   – *Сэмт, ты'н, нух, ма'.*

   Это будет итоговым закреплением в конце урока. Если остается время, то его можно использовать для прослушивания и знакомства с темой "*Сэмт*". Для этого можно использовать имеющееся стихотворение, правда, в переводе с русского, которое так и называется "*Сэмт*" (М. Пляцковского, см. Приложение 4.)

7. *Ԋэ'ԋсхчэсхэ, қтэкэйзсх!* (детвора, ребята, встаньте!)
   Тэӈқ! (До свидания – дети это слово еще не знают).

   Итак, почему сразу надо стараться вести урок на родном языке? Дети все время должны слышать родную речь, как можно чаще хотя бы в школе, на уроке, поскольку она почти отсутствует в окружающей среде села, семьи. Пусть они ее пока не понимают на уроке, но ведь учитель тут же делает перевод. Можно сказанное повторить 1–2 раза.

   Следует помнить, что говор (речь) ительмена тихая, без выкриков. Временами кажется будно кто-то спит и его боятся разбудить. И если учитель будет систематически вести урок так, то дети привыкнут к спокойствию, присущему нашему народу. Они будут прислушиваться к родной речи, звукам. Пусть пока многое они не будут проговаривать, но они ее будут понимать, а потом и пытаться пользоваться речью. Этот вывод сделан автором из опыта преподавания родного языка.

Тема данного урока схвачена учащимися, на следующем уроке эти слова будут повторены и закреплены в сочетании с новыми словами следующего урока. Тем более, что общая тема этих уроков изучается в течении 3–4-х уроков.

ПОВТОРЕНИЕ И ЗАКРЕПЛЕНИЕ

Если материал легкий, то упражнения по закреплению лучше дать самостоятельно, разъяснив ход работы.

Если материал трудный, то упражнения по закреплению проводятся на доске и в тетрадях коллективно. Итоги работы подводятся вместе, к этому необходимо приучить детей с самого первого урока, это облегчит проведение дальнейшей работы при повторении и закреплении.

Закрепление нового материала проводится на нескольких уроках подряд. А количество часов зависит от трудности темы. По усмотрению учителя, если тема кажется более-менее легкой, можно кое-где сократить часы, тем самым увеличив время на трудное.

В закреплении материала необходимо больше работать с учебником, чтобы дети учились работать с книгой, особенно в 3–4-х классах.

ЧИСТОПИСАНИЕ

На каждом уроке родного языка 5–6 минут (или чуть меньше) уделяются чистописанию.

1) Письмо учителя – это хороший образец, который дети берут для подражания. Поэтому он должен писать каждую букву каллиграфически правильно в задании, в тетрадях и на доске.

2) К тому же неправильно написанная буква – это не только некрасиво написанная буква, а еще и пропуск какой-то детали буквы, что ведет иногда к искажению смысла, например: *кљавулхч* (садись) – вместо *ӄ ԓ* – написано *кљ* – исказилось произношение этого слова – надо *ӄԓавулхч* (садись); *хкэч* вместо *хк'эч* (рука) – пропущен “щелчок” справа вверху после *к* (надо *к'*); *чучу* вместо *ч'уч'у* (чавыча), опять-таки пропущен “щелчок” – надо *ч'*; °*ӄэсӽ*, °*касф*, *касӽ* (рот, топор, два); *ӄтӽӑӈ*, *ктхэӈ* (нога, голова человека).

   Иногда дети невнимательно относятся к произношению и написанию гортанной смычки – *'* – : *ӽэ'луч* (кукла), *ма'* (где), да еще и *х* пишут без “петли” – вот и фраза звучит не на родной интонации: *махэлуч*? Надо сказать и написать *ма' ӽэ'луч*? (Где кукла?)

3) При написании букв, слов, фраз во время чистописания ученик тихо (про себя) произносит их, что тоже очень важно для правильного запоминания слова. Минутки чистописания в зависимости от цели урока могут быть проведены в начале, середине или в конце урока. Объем каждой работы 2–3 строчки.

Цель минуток чистописания в **1 классе**: формирование навыка правильного написания букв, их соединение в словах, четкое безотрывное письмо. К концу 1 класса учащиеся должны сознательно овладеть навыками письма. Они должны уметь рассказать, как пишется каждая буква, понимать и видеть ошибки в начертании и соединении букв и знать, как их устранить.

К концу **2-го класса** учащиеся должны знать порядок букв по алфавиту, как правильно их писать, произносить, узнавать признаки гласных и согласных звуков; уметь каллиграфически правильно писать слова, предложения, тексты в 20–25 слов.

К концу **3-го класса** учащиеся должны уметь каллиграфически правильно писать все буквы ительменского алфавита, слова, списывать и писать под диктовку, писать отдельные предложения (пословицы, поговорки, стихотворения) по памяти сначала медленно, потом быстрее.

К концу **4-го класса** учащиеся должны уметь каллиграфически правильно списывать и писать под диктовку слова, предложения, тексты, уметь писать быстро с соблюдением всех других качеств письма: четкости форм буквы, наклона, связности, линейности, равного расстояния между буквами; письмо по памяти на время – кто успеет за отведенное время написать больше, грамотно, четко.

СЛОВАРНАЯ РАБОТА

На каждом уроке надо постоянно проводить работу над словом и обогащением словарного запаса, над правильным написанием их и развитием речи учащихся.

Для словарной работы берутся слова из учебника, по которому работают учащиеся. Учитель сам подбирает (берет) наиболее трудные в произношении слова, учащиеся записывают их в словарики, составляют с ними предложения. Новые слова (незнакомые) объясняются, трудные звуки анализируются.

Для примерной работы предлагается использовать Приложение 1.

Во всех классах, а особенно в 1–2 классах, можно:

а) показать сам предмет, действие, качество;

б) показать картинку, которая обозначает предмет или действие;

в) перевести на русский язык, т.к. не все можно показать или продемонстрировать;

г) в 2–3–4 классах с помощью грамматического анализа можно объяснить значение слова. Это слово можно объяснить, используя сравнения на картинках.

Слова закрепляются на уроках. Для успешного усвоения и закрепления значения и правописания слов необходимо вести словарики – это в некотором роде система накопления слов:

В **1-й классе** – картинные словарики по темам (устный курс), в которых ученики сами рисуют; на уроках грамоты они должны дополнять их записями слов.

В **1–4 классах** можно вести алфавитные словарики, в которых записываются трудные слова по произношению и написанию. Можно вести словарики по четвертям, потом удобней контролировать программные слова, проводить словарные диктанты. Во всех случаях разнообразится работа со словом и интереснее проходят уроки. Можно повторять выученные и записанные слова, сделать рисунки, подписать их.

В **3–4 классах** можно задавать на дом запись слов по какой-нибудь теме, с ними можно проводить различные игры в слова, составлять предложения с этими словами.

Форма словариков по усмотрению учителя: целая тетрадь, полтетради, или в целой тетради листы загнуть вертикально наполовину; возможно, учитель сам придумает форму словарика. И, конечно, ведется большая работа со школьным ительменско-русским и русско-ительменским словарем.

ЗАДАНИЕ НА ДОМ

Этот момент урока – важная часть в закреплении изученного на уроке. И ограничиться только тем, что сказать номер упражнения и выучить правило – мало. Тем более этого делать нельзя после звонка на перемену.

За 5 минут до конца урока надо начать разъяснение задания на дом: *что* и *как* делать, так как некоторые учащиеся хорошо схватывают изученный материал на уроке, дома им только надо повторить, а некоторые с трудом даже понимают что к чему или вообще не справляются. Таким учащимся учитель разъясняет, как делать или призывает к помощи тех учащихся, которые могут хорошо выполнить это задание. Для них это является лишним закреплением изученного.

Все задание дается обязательно до звонка, чтобы в случае, если кому-то что-то не понятно, не ясно, он успел бы спросить, выяснить.

ИТОГ УРОКА

Обязательно похвалить тех, кто старался учиться, хорошо вел себя, сделать какие-то поощрения: жетоны, флажки, похвала. Это надо делать и в течение урока.

- Выставление оценок в журнал и дневник.
- Похвалить весь класс за хорошую, активную работу.
- Несколько пожурить нерадивых.
- Урок обязательно заканчивается со звонком!

ПРИЛОЖЕНИЕ 1

1. Таблица:

   Алфавит крупным планом. Специфические буквы ительменского языка:

   ә ’ ӄ к’ ӄ’ љ ԓ њ ӈ п’ т’ ӽ ч’.

   Чтобы легче запомнить эти буквы, можно расположить их в таблице так:

   к’ ӄ’ п’ т’ ч’ – это со “щелчком”,

   ӄ ӄ’ ԓ ӈ ӽ – это с “петлей”.

2. Таблички:

   а) схемы слогов 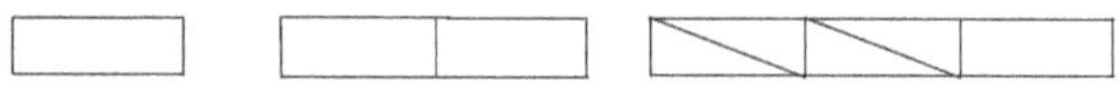

   б) структуры предложений 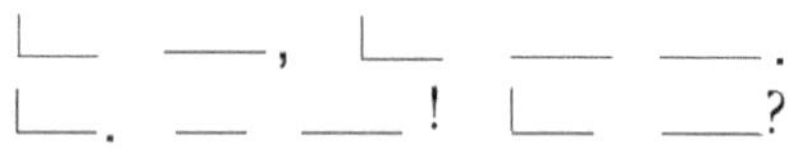

   в) с изучаемыми словами

3. Таблички с вопросами и показателями к ним можно дать как отдельной таблицей, так и табличками с одним вопросом, а можно и то и другое вместе.

   к’э? – кто?

   әӈӄа? – что? – при этом не забывать, что вопрос *к’э?* задается только к человеку, вопрос *әӈӄа?* ко всем остальным словам.

   ма’? – где? – показатели: *-к /-анк/ -энк*

   манкэ? – куда? – показатель: *-кэ, анкэ*

   манх’аԓ? – откуда? – показатель: *-х’аԓ*

   к’анх’аԓ? – от кого? – тот же показатель

   ԓа’ԓӄ – сколько?

   саӄ? мин? манкэнан? – какой? – показатель: *-ԓаӽ*

   әӈӄа скәззэн? – что ты делаешь?

   әӈӄа скәзнэн? – что он делает?

4. Слова с вопросом *к'э?* – кто? – показатель *-киԓӽ*

ансэ'ԓкиԓӽ – ученик, учащийся

анэчпа'ԓкиԓӽ – учитель

ањԓнэ'ԓкиԓӽ – читатель

әлвэнтзокиԓӽ – рыбак

вэтаткиԓӽ – рабочий...

5. Глагол с вопросом *әӈӄа скәззэн?* – что ты делаешь? – с показателем *т_____ _ _ _ кичэн*, можно дать список слов к этой табличке, а можно использовать слова из таблички 2 п. в):

тԓазкичэн – сижу

ттӽзузкичэн – стою

тԓнэзкичэн – читаю

°ткэ'нскичэн – пишу

трэсовазкичэн – рисую

°ткэ'нэзэзкичэн – думаю.

ЗВУК И БУКВА, СЛОГ И СЛОВО, КОРОТКИЕ ФРАЗЫ

Слова подобраны по фонетическому принципу звука гласной с согласной. Звук в начале, середине, в конце слова. Лучше из указанного списка отобрать слова-предметы, объединенные общим смыслом: животные, одежда, слова-действия и т.д.

Затем из этих слов можно создать (составить) словосочетания или короткие предложения. Это лучший переход для работы по развитию речи.

На самом начальном этапе при прохождении устного курса в 1 классе, когда детям еще трудно воспринимать новые звуки, использовалась придуманная автором во время проведения уроков вот такая работа со звуками:

ə – раздался звук в горле,
’ – “как будто звук застрял в горле”,
ӄ – как будто травка застряла в горле, надо ее вытащить,
к’ – пощелкать *эрмэчӽаԓ* – язычком в горле,
ӄ’ – пощелкать еще глубже в горле,
ӽ – “храпанем” в горле,
ӈ – при произношении звука воздух не проходит через нос,
ԓ – “как будто много слюней” выдувается через уголки рта,
п’ – губы надо сомкнуть и взорвать их глухо,
т’ – при помощи языка взорвать звук о зубы,
ч’ – при помощи середины языка взорвать звук о нёбо,
љ, њ – произносятся мягко как русские буквы *ль, нь*.

ПРИМЕРНЫЙ ПЕРЕЧЕНЬ СЛОГОВ, СЛОВ, СЛОВОСОЧЕТАНИЙ И ФРАЗ

Звук и буква К

ӄ согласный, увулярный смычный, невзрывной.

Слоги: *ӄаз-, ӄо-, ӄу-, кы-, ӄэ-, ӄс-, ваӄ-, лӄ-, эсӄч-*

Слова: *урваӄ, ӄува, ӄоз, ӄыӽ, ӄазвўм, ӄэ’м, ӄохч, ӄуԓӽ, амӄ, ӄэйвэзын, ӄсас, тхунӄ, ла’лӄ, лӄаӄ, ӄэпх, саӄ, иԓӄ, сыпуӄ, эсӄчкин;*

Перевод слов: рубашка, брюки (штаны), олень, море, крапива, яма, кухлянка, тундра, глубоко, кипит, гусь, темно, сколько, холодно, корыто, какой, суп, песец, большой (огромный).

Фразы: *саӄ урваӄ (ӄэ’м, ӄуԓӽ, ӄэпх);*
эсӄчкин урваӄ (ӄэ’м, ӄуԓӽ, ӄэпх) иԓӄ ӄэйвэзын. Лӄлаӽ иԓӄ (ӄыӽ, ӄува).

Перевод фраз: какая рубашка (яма, тундра, корыто...)? Большая рубашка (яма, тундра, корыто...). Суп кипит. Суп (море, штаны) холодный.

Звук и буква к'

к' — согласный, заднеязычный, смычный, отмечается во всех положениях.

Слоги: *к'э, к'и, -к'ук', к'у-, к'ух-, лк', хк'-, к'о-*

Слова: *к'э, к'ик', сик'ук', к'уфк'уф, к'узылх, к'улэзын, к'вазын, ӄалк', хк'эч, хк'ә'н, к'фә'н, хк'әԓ, к'авач, к'эланом, к'элэкас, к'элэкаӄ, к'эмљa, к'узэсх, к'әлфԓэ'н;*

Перевод слов: кто, горло, паук, ноготь/коготь, ударь, царапается, горит, сырой нерпичий жир, рука, руки, ногти (когти), руками, спина, идет (сюда), колесо, вертится, кружится, не вертись, мохнатый, щепотка, губы.

Фразы, сочетания:

к'э к'осын? (кто идет/едет)?
к'эмљa к'осын (мохнатый идет).
сик'ук' к'осын (паук идет).
к'элэкаӄ (не вертись).
хк'эԓ к'узылх (руками ударь).
ӄуԓӽ к'вазын (тундра горит).

Звук и буква ӄ'

ӄ' — согласный, увулярный, смычный (затворный). Отмечается во всех положениях довольно редко.

	ка к’а ӄа ӄ’а к’э кэ ӄэ ӄ’э
	ко к’о ӄо ӄ’о ку к’у ӄу ӄ’у
	кэ-, кы-, ко-, кэм-, ки-
Слова:	*ӄ’ыӄ’, ӄ’эфӄ’эф, ӄ’әмтӄ’, ӄ’эвлаӽ, ӄ’изын, ӄ’эфчэказ, ӄ’эфчэзын, ӄ’әл (ӄ’лэ), ӄ’нусхч!*
Перевод слов:	прорубь, сила, топь (болото); сильный; падает (сползает вниз) юбка, брюки, чулки; становиться сильным (набирать силы); да (частичка подтверждения, говорящего по отночению к соседу, собеседнику); ешь (кушай).
фразы:	*иԓӄэԓ ӄ’нузхч!* – ешь суп (дословно – супом питайся).
	ӄоз ӄ’эвлаӽ – олень сильный,
	ӄуԓӽ ӄ’әмтӄ’элаӽ – тундра болотистая.

Звук и буква ӽ

ӽ	согласный, увулярный, глухой, отмечается во всех положениях.
Слоги:	*ха, хо, ху-, хэ, хы-, хк’-*
	ӽа-, ӽо-, ӽу-, ӽэ-, ӽы-
Слова:	*ханк, ӽанклэ, ӄхумстхч*
	хаԓч, ӽамух, ԓхәмԓхәм
	хӑмԓх, ӽаӄэлан, экэчӽ ӽу
	хӑрвӑрвакас, ӽаӄа, уљљуљаӽ,
	хэԓваԓ, ӽэлаӈ, ӽэ’луч, ӽэӄэ,
	упсӽ, ӽывнэ, °плаӽ,
	әмпӽэс, ӄәмпӽэх, тӽзузын
Перевод:	вверху, зимой, выйди
	пора (частица), нарочно, соболь
	жир, враг, девочка, там
	шуметь (греметь), комната, маленький,

неправильное, имя, кукла, плохо, стебель, волк, большой, отрезать, отрежь, стоит.

Фразы: *°Плаӽ (ӽопт) ӽывнай тӽзузын* – Большой волк стоит.

Упсӽ қәмпӽэх – Стебель срежь.

Ӽу экэчӽ тӽзузын – Там девочка стоит.

Уљуљаӽ экэчӽ тӽлытзузын – Маленькая девочка катается с горы.

Звук и буква ӈ

ӈ — согласный заднеязычный, носовой. Отмечается во всех положениях.

Слоги: *н-ӈ, но-, ӈо-, нэ-, ӈэ-, на-, ӈа-, ӈо-, ӈэ-, ӈа-, ӈу'-*

Слова: *ӈапсхатказ, ӈачэсӈачэс, ӈосӽ, ӈэйӈэ, ӈу'н, ӈэззэчӽ, ӈонкэ, эӈэззэчӽ, ӈә'лӈә'л, °ӈэкԃказ, °ӈэкԃном, сэӈзокиԃӽ, сыӈзын, сэрванӧӈ, тэӈқ, тэӈлаӽ*

Перевод: дремать, чад (от чадить), хвост, гора (хребет), тут, звездочка, так, звездочка, икра, спать, спальня, птица (летчик), летит, игольница (трудоношка), до свидания, хороший.

Сочетания и фразы:

Әӈқа ӈу'н сыӈэзын – Что тут летит?

Ӈэззэчӽ (эӈэззэчӽ, сэӈзокиԃӽ) – звездочка, птица ...

Ӈонкэ ӈапсхатказ – Так дремать.

Тэӈлаӽ сэрванӧӈ – Хорошая игольница (трудоношка).

Ӈу'н ӈэкԃном – Тут спальня.

Ӈу'н новаԃном – Тут столовая.

Звук и буква Ԓ

ԓ — согласный, мягкий, глухой, переднеязычный, боковой. Отмечается во всех положениях.

Слоги: *ла-, ԓа-, ло-, ԓо-, лэ-, ԓэ-*
ԓа-, ԓо-, ԓэ-, ԓи-, ԓк-, ԓӄ-, ԓн-, ԓх-, ԓӽ-

Слова: *ԓазэн, ӄԓавулхч, ԓос, ԓозэн, ԓоӄра, ԓэрвэтэс, ԓэрвэтал, ԓэњԓлос, ӄԓињԓлух, ԓивумч, имԓ, ԓисх, ԓнэс, тԓнэчэн, ԓхэмԓхэм, кламԓ, кк'оԓкнэн.*

Перевод: сидит, садись, говорить, говорит, овод, слово, словарь, спрашивать, спроси, тополь, груз, тетя, читать (считать), прочитал (я) сосчитал, соболь, муха, пришел (приехал он).

Фразы: *Ԓисх ԓазэн* – Тетя сидит.
Ԓисх ԓозэн – Тетя говорит.
Ԓисх ԓэрвэтэс ԓозэн – Тетя слово говорит.
Ӄԓињԓлух ԓисх – Спроси тетю.
Ԓэрвэтал тԓнэчэн – Словарь прочитал я.
Ԓисх кк'оԓкнэн – Тетя пришла.
Ӈу'н новаԓном – Тут столовая.

Звук и буква Љ

љ — согласный, звонкий, мягкий, переднеязычный. Отмечается исключительно перед гласными.

Слоги: *ла-,ља-, ԓа-, ло-, љо-, ԓо-, лэ-, љэ-, ԓэ-*
љо-, љэ-,ља-, љу-

Слова: *љопачӽ, љопа'њч, љэвэ'њч, љэԓк'ай, љэԓк'оч, љэԓк'эчӽ, миљай, миљачӽ, уљљуљаӽ, уљуӄ, љэпхэ, љаӈӈачӽ.*

Перевод: сустав, суставы, пальчики, мышь (большая),

мыши, мышонок (мышка), грудной ребенок, совсем маленький грудной ребенок, маленький, немного (маленько), травяная корзинка, маленький глазок (глазка – часть тела).

Словосочетания:

уљуљаҳ љопа'њч – маленькие пальчики.

љви уљуљаҳ љаӈачҳ – очень маленькая глазка.

миљай љазэн – ребенок сидит.

миљачҳ файхазэн – ребенок плачет.

Звук и буква њ

њ согласный, мягкий, звонкий, переднеязычный, носовой. Отмечается во всех положениях.

Слоги: *њ ӈ, но-, њо-, ӈо-, нэ-, њэ-, ӈэ-, њо-*
на-, ња-, ӈа-,
ња-, њо-, њэ-, њу-

Слова: *њања, њэњэкэчҳ, њэ'њсхч'э'н, чињэқ, пињԹфном, соњԹказ, ксуњԹқзусх, соњԹэс, уњњачҳ, уњња'њч, мињԹ, хањчк, хањчкэ, хањчхал, эњч, эњԹкиԹҳ, эњчхас, уњњуњаҳ, эњчхчамиӈ, хэ'њч.*

Перевод: няня, ребенок (вообще), дети, коридор, конец, жить, живите,
жизнь, птичка, птички, заяц, вверху (по реке), вверх (по реке), сверху (по реке), рыба, покупатель, побеждать, совсем маленький, ты победил меня, не, нет (для будущего времени)

Словосочетания:

хэ'њч манкэнан – никакой;

хэ'ньч мк'оӆкичэн – я не приду;
хэ'ньч к'оӆаӆч – ты не придешь;
уньуньах̧ ньэньэкэчх̧ – милай сын – маленький ребенок – грудной ребенок (есть);
исх ханьчх'ал к'осын (физын) – отец сверху идет (едет, плывет).

Звук и буква п'

п'	согласный, губно-губной, смычный, взрывной, глухой. Встречается довольно редко.
Слоги:	*па-, п'а-, пэ-, п'э-, п'қ', п'әӆ-, пәл-, п'қ'а-*
Слова:	*п'ахп'әм, п'ахп'а'н, п'әлх̧әӈ, п'алх̧э'н, п'қ'азэн, п'ахп'азэн, п'эч, п'э'н, п'э'ай*
Перевод:	отваренная рыба, много отваренной рыбы, щека, щеки, цветет, ест вареную рыбу, дитя, дети
Фразы:	*П'эч п'ахп'азэн.* – Дитя ест вареную рыбу. *Қуӆх̧ п'қ'азэн.* – Тундра цветет. Здесь уместно сказать о разнице в смысловом значении между словами *ньэньэкэчх̧* и *п'эч*: так слово *ньэньэкэчх̧* употребляется по отношению ко всем детям вообще, а *п'эч* – это чей-то ребенок: материн, отцов, бабушкин. То же между словами *ньэ'ньсхч'э'н* и *п'э'н*. Слово *п'э'ай* – тоже дитя, но в пренебрежительном значении. То же самое можно сказать в отношении слова *мимсхай (ӈимсхай)* – женщина.

Звук и буква т'

т'	согласный, переднеязычный, глухой, взрывной. Отмечается в начале и середине слова.

Слоги: *та-, т’а-, ту-, т’у-, тс-, т’с-, тл-, т’ʝ-, тэ-, т’э-, то-, т’о-, ти-, т’и-*

Слова: *тамэс, т’аʝк, т’изымч, т’к’лом*
тăӽтăӽ, т’аʝан, т’илӈын, ˚туʝӽ
тсалкаӄ, т’салай, т’энӈэзын
тосх, т’от’от’, т’саљљэчӽ
тэӈӄ, т’энӈэзын, токтоназэн
тлэ, ӄтлух, т’ʝазозэн

Перевод: крыша, далеко, висок, заплетенная коса,
снегопад, дальний, второй, гость
не упади, лисица, висит
песчаная коса, кулик, лисенок
до свидания, висит, клюет
на (возьми), задуй, умывается.

Словосочетания, фразы:

Ӄа’т тамəс т’энӈэзын – уже крыша висит.

Т’илӈын т’саљљэчӽ т’ʝазозэн – второй лисенок умывается.

Тлэ ӄтлух пиӈч – на, потуши светильник.

Т’илӈын ˚т’уʝӽ кк’оʝкнэн – второй гость пришел.

Тосханк т’от’от’ токтоназэн – на песчаном берегу кулик клюет.

Звук и буква ч’

ч’ согласный, взрывной, переднеязычный. Отмечается во всех положениях.

Слоги: *ча-, ч’а-, чо-, ч’о-, чу-, ч’у-, чэ-, ч’э-, чи-, ч’и-, чк-, ч’р-, ч’ӈ-, чв-, ч’в-*

Слова: *чаӄа’ʝэс, ч’ач’алаӽ, ч’аӄ, ч’оӄ, ч’увай, ч’уч’у,*
чозын, чукчук, ч’ит, ч’руч, чкəпч, ч’иныӈлаӽ,
чваном, ч’ахʝэс, ч’вэрэчӽ

Перевод: песня, красный, четыре, три, чавыча, чавыча, тает, ласт, ружье, ловушка для рыбы, ложка, красивый, привал (лагерь), праздник, сверчок

Сочетания и фразы:

Ч'иньıӈлаӽ чваном (чопаӄэ, чаӄа'ԉэс...) – Хороший привал (лагерь, меховые штаны, песня...)

Ч'аӵалаӽ ӵик'мəӈ. – Красная клюква.

Ч'увай ӵизвин. – Чавыча есть.

Чкəпч тӵкикичэн. – Я ложку нашла.

Звук и буква '

' согласный, гортанный, смычный, отрыв от слогов. Отмечается чаще в середине, реже в начале и в конце слова (в корне, в аффиксах и на стыке корня и аффикса).

1) Служит для разделения:
а) гласной от гласной
б) гласной от согласной
в) согласной от гласной

2) для образования множественного числа с показателями: *'н 'л*

Например: а) *ма', ӄа'м, ӄа'т, ӈу'н, ты'н, у', и' ӄэ'м, а'асх, тхи'ин, у'ин, ӈэйӈэ'ин, ӄыӽ'ин, ӄа'тх, ӄа'т, ит'э, мэч'а'ан*
образует множественное число:
б) *элвалэӈ – и'л, лэӈамин –лэӈа'н, лоӈ – лу'л, т'сал – т'салэ'н, лэлəӈ – лы'л, сфноӈ – сфу'н, ансэ'ԉкиԉӽ – ансэ'ԉкила'н, сӈачисы'н – суӄэчисы'н*

Перевод: а) где, нет, уже, тут (здесь), это, дерево, вода, яма, гнездо, их, деревянный, горный, морской, как будто, уже давно, далекий (дальний)
б) ухо – уши, лыжа – лыжи,
глаз – глаза, лиса – лисы,
рукавица – рукавицы, торбаз – торбаза,
ученик – ученики (учащиеся),
играют в прятки – играют в пятнашки.

Фразы: *Ты'н сфу'н т'эннэзы'н.* – Это торбаза висят.
Ансэ'ӽкила'н сңачэсы'н. – Ученики играют в прятки.
Ма' лоң (лу'л, и'л, лы'л)? – Где глаз (глаза, уши, рукавицы)?

Звук и буква ә

ә гласный, неопределенный гласный, заднего ряда, очень краткий, сильно напряженный. Отмечается в следующих позициях:

1) при полном отсутствии гласных в слове. Здесь его задача – указать вершину слога. *Әнч, әңксх, спәл, әнна* (рыба, болезнь, ветер, он);

2) на стыке (основы) и аффикса: *пиньӽфнэн* – он кончил это, но *пиньӽфәзнэн* – он кончает (это), *кпиньӽфх* – кончи (это), *кпиньӽфәсх* – кончайте (это).

Слоги: *кәм-, кәз-, ән-, әң-, әсӽ-, ӽхәл-, -нәм, ...*

Слова: *кәмма, кәзза, әнна, әззан, әңқа, чинэп, чинэпт'ил, ч'инәм, схләң, мәсӽт, пәлкьви, ӽхәлңэ, ләмәс, ләмләм, тлә'мэскичэн, тлә'мэӽкичэн, тлә'мӽаӽкичэн.*

Перевод: я, ты, он, природа (погода), что, материал, тряпка, красота, полоз нарты, черемша, прекрасно, утром, мыть (вымыть), мох, я моюсь, я помылся, я помоюсь.

Словосочетания и фразы:

Последние слова в примерах выше – это и слова и предложения.

Хк’ә’н ķ’ләмх’ин. – Руки вымой.

Әззанк пәлкљви. – На улице (в природе) прекрасно.

Кәмма ӆхәлӈэ тлә’мӆаӆкичэн. – Я утром помоюсь.

Значок °

° Некоторые ительменские слова произносятся с несколько вытянутыми губами, тогда перед словами вверху ставится такой значок °.

°ķниӈ, °туӆх̧, °сыс, °кэ’нэзэказ, °каķф, °ӈэкӆном, °пакук, °плах̧, °чэӆхчэӆх.

Перевод: один, гость, трава, думать, незрелая ягода, спальня, цыпленок (всех птиц), большой, брусника.

Вот так отличается произношение слов:

сис (иголка) произносится, губы растянуты в бока,

°сыс (трава) произносится с несколько вытянутыми губами вперед.

ПРИЛОЖЕНИЕ 2

Дидактический грамматический материал

1. Используя таблицы в Словаре (ительменско-русский и русско-ительменский) на стр. 231,

а) можно сделать большую таблицу падежей, вопросы к ним см. в Приложении 1 соответственно показателям;

б) на странице 234 – склонение личных местоимений единственного и множественного числа;

в) таблицы спряжений глаголов на стр. 239–242.

2. Карточки с заданиями:

а) Расскажи о себе

К’э кәзза сәч? – Кто ты есть?

– кәмма ... тскичэн.

Слова (*ансэ’ӆкилан, экэчӽ, ансэ’ӆкиӆӽ ӽоԓачӽ* ... назвать свое имя – перевод: учащийся, девочка, учащийся мальчик...)

б) Расскажи о своей маме – *ӄлахчик кнын лаӽсӽэнк*

к’э кнын лаӽсӽ сын? – Кто твоя мама?

– кәмман ... ... сын

Слова (*әннан ӽэлаӈ* – ее имя,

анэчпа’ӆкиӆӽ – учитель),

– ма’ әнна вэтатәзэн? – Где она работает?

Слова (*ансэ’ӆномк, фэрмак, ԓэԓэкэч’ин кистэнк* – в школе, на ферме, в детском саду).

3. Общие сведения о структуре слова:

Школьный словарь страницы 228–230.

4. Грамматические особенности частей речи

Школьный словарь страницы 230–254.

5. Если в предложении нет глагола, то обязательна связка-действие:

ед. число	мн. число
(я – *кэмма) тскичэн*	(мы – *муззан) нскичэн*
(ты – *кэзза) сэч*	(вы – *тузан) сиссх*
(он – *энна) сын*	(они – *итӽ) сын*

Во всех случаях перевод слова – связки «Есть».

6. Глагол *чэкас* иметься:
его изменение в настоящем и прошедшем времени учитель найдет в Школьном словаре на страницах 104, 151.

7. Для лексической работы можно сделать такие таблички с картинками и фразами:
На картинке "Волк" подпись – *ӽывнэ* (*ӽывнай*)
Фраза: *ӽывнэ тӽзузын* – волк стоит;
ӽывнэ исын (*схэллазэн*) – волк идет (бежит).
Все переводы делаются для учителя.

8. Еще можно предложить сделать такую табличку (или только с трудными буквами, или весь алфавит ительменского языка):

Печатная буква Ӈ ӈ	Прописная буква *Ӈ ӈ*
картинка	

9. Таблички по темам, например: "*Тыну'н* – семья"

картинка	мама
надпись	*лаӽсӽ*

и т.д.

ПРИЛОЖЕНИЕ 3

Физминутки

Физминутки очень нужны для физической разрядки. Они необходимы как помощники учителю в запоминании слов-движений учащимися:

ӄтэкэйхч (встань) – *ӄтэкэйссх* (встаньте),
ӄԼавулхч (садись) – *ӄԼавулссх* (садитесь) ...

Физминутки можно использовать для запоминания новых слов и для работы над правильным их произношением. Перед физминуткой учащихся надо предупреждать: звуки произносим правильно, нельзя торопиться. На первых порах – при изучении устного курса – можно предложить такие физминутки:

1. Игра с мячом.
   Встали в круг, учитель (он в середине) бросает мяч, кто-то ловит и говорит:
   кәмма (я) Леша (Люда...) *тскичэн*.
   Тскичэн (есть) – глагол-связка, его можно не переводить:
   – Я Леша (Люда...)

2. Дети сидят за партами попарно (или встали попарно) лицом друг к другу. Учитель перед учениками показывает ладонью на себя *кәмма* – я (в другой раз добавляет – *кәзза* – ты, *әнна* – он, соответственно показывая на "тебя", на "него") *муза'н* – мы (учитель показывает обеими руками как взмах по воде от себя).
   Можно повторить.
   Следующим моментом можно использовать маршировку с проговариванием и введением новых слов:

муза'н њэ'њсхчэ'н,
муза'н ансэ'ӡкила'н.
(*њэ'њсхчэ'н* – детвора, *ансэ'ӡкила'н* – учащиеся).

3. Можно встать за партами, а в другой раз выйти из-за парт и на мотив песенки "каравай" петь слова: вместе с переводом
кәмма – я
кәзза – ты
әнна – он
муза'н – мы
туза'н – вы
итҳ – они.

4. Все встали из-за парт, знакомство с новым словом и со счетом:
а) встали в позе: ногами врозь, руки соединив над головой, произносим *нулвэскичэ'н* – рубим, делаем движение как будто рубим топором (действие повторяется с проговариванием).
Запоминаем счет: °*қниӈ* – один, *касҳ* – два, *чоқ* – три, *чақ* – четыре.
б) °*қниӈ* – *касҳ*: нагнулись – выпрямились,
чоқ – *чақ*: нагнулись – выпрямились.
в) можно приседая и поднимаясь считать:
°*қниӈ* – *касҳ:* приседая – руки вперед,
чоқ – *чақ*: вставая – руки "по швам".

5. Для работы со звуком *ӈ* предлагается такая "минутка":
нух ӈонкэ – при этом руки вверх,
нух ӈонкэ – руки вперед,
нух ӈонкэ – руки в стороны,
вот так – руки "по швам".

Спросить детей: *әӈӄа муза'н нлаӄзукичэ'н*? (Что мы говорили?)

По усмотрению учителя материал для физминуток выбирается так, чтобы можно было и физически размяться, и поработать над трудными по произношению словами, звуками: *ӈ ӽ ӄ ч' ԓ*

°ӄниӈ – с огублением, губы немножко вытянуть;

ч'оӄ, ч'аӄ – со звуками *ч' ӄ*, так как дети чаще всего произносят *чок, чак*.

6. Физминутка как возможность над словарной работой:

а) *кчэч – суч* – показать лоб – затылок,
хк'әч – хк'ә'н – показать одну руку – обе руки.

б) *кәмман ктхәӈ* (моя голова) – обеими руками голову показать,
кәмман кчэч (мой лоб) – показать одной рукой лоб,
кәмман увик (мое тело) – показать туловище руками,
нух ты'н хк'әч (вот это рука) – показать руку.
Здесь уместно начинать подсказывать детям, что в ительменском языке нет рода: по-русски мы говорим "мой, моя, мое", а по-ительменски – *кәмман*.

в) Показывая части тела, например: *лоӈ – лоӈ* (закрывать по очереди один и другой глаз, а потом оба глаза, мы этим делаем перевод). Когда надо закрыть оба глаза, учитель говорит:
ӄ'эйпссх лу'л (закройте глаза) – дети закрыли глаза,
ӄәнӄэссх (откройте) – дети открыли глаза и дружно сказали – *лу'л* (глаза).
Эту физминутку можно провести и стоя, и сидя за партой.

г) Присоединив для работы над словом вопрос используется *ханк – тнўмк – ма'* (вверху – внизу – где?)

ханкэ – тнӯмкэ – манкэ? (вверх – вниз – куда?)

1-я строчка – руку резко вверх, как бы показывая верх, потом руку резко вниз,

2-я строчка – другой рукой медленно показываем направление наверх – вниз.

д) Добавляя новые слова, надо смотреть к месту ли, т.е. к теме ли они. Их можно постепенно включать в разминку, возможно для закрепления или повторения.

ханкэ – тнӯмкэ (вверх – вниз)

кԓфӑњчкэ – салкэ (вперед – назад),

касоӈанкэ – касоӈанкэ (набок – на бок)

хтоӈанкэ – сич'әӈанкэ (вправо – влево)

Здесь действия можно показать движением головы или движением рук и туловища.

е) При движении головы можно использовать такие слова:

окночанкэ – кԓфӑњчкэ (к окну – вперед),

стенанкэ – кԓфӑњчкэ (к стене – вперед),

ханкэ – кԓфӑњчкэ (к верху – вперед),

тнӯмкэ – кԓфӑњчкэ (вниз – вперед).

Спросить: *әӈқанкит окночанкэ,*

стенанкэ нлазчиӈнэ'н?

(Почему говорим к окну, к стене?

Ты'н ттэ'а'н ԓэрвэтэ'н – это русские слова).

7. Эта физминутка с целыми фразами, если перевести их на русский язык, хотя на ительменском это только слова:

Дети, сидя на корточках, говорят, двигают руками, но сначала руки несколько прижаты ладонями к ушам, символизируя рост листочков на ветке.

у'чаҳ эсазэн (деревце начинает расти из земли) сидя,

әсҳтәзэн (растет) – встаем, встаем, медленно тянемся выше,

спәллазэн, спәллазэн (ветер дует) – двигаются из стороны в сторону, двигают руками,
эсчаӄ спәллазэн (сильно, очень сильно дует) руками вверху сильно машем, как ветки на ветру;
муза'н нкэ'њӆӄзуӆк – мы писали,
муза'н нкэ'њӆӄзуӆк – мы писали,
мәзвин ъэвэ'њч кӄэ'н'икнэ'н – наши пальчики устали,
часыт муза'н нӄэн'исаӆ – сейчас мы отдохнем,
ӆам тэнаӄ нузуӆк кэ'њӆказ – и опять писать начнем.

ПРИЛОЖЕНИЕ 4

Для развития речи

"Хорошая письменная речь главным образом основывается на хорошей устной, или, по крайней мере мысленной речи, ибо мысленная речь, так же как и устная, состоит уже из слов, и отличается от устной только тем, что не выражена в звуках" (К.Д. Ушинский, Соч. изд. АПН РСФСР, М.–Л. 1949, т. VII, стр. 245).

Уже при обучении в 1 классе возникают вопросы: чему учить? когда учить? как учить?

Развивать речь – значит формировать определенные речевые умения, ориентироваться в ситуации общения, т.е. *кому*, *зачем*, *о чем* буду говорить или писать; осознавать, как буду говорить или писать, в какой последовательности буду излагать мысли, план; говорить и писать строго на тему.

Для более эффективной работы надо пройти так сказать несколько этапов: накопление опыта через осознание готовых текстов, воссоздание (построение) устных и письменных высказываний по образцу, самостоятельное выполнение творческих работ.

Элементы развития речи присутствуют на каждом уроке, начиная с работы над артикуляцией речи: обязательные моменты над произношением звуков, слогов, слов, фраз, предложений (лучше загадок), если есть, скороговорок.

Частая работа над составлением предложений, над деформированными предложениями – составление предложений из данных слов, например: *Тоњa, ҳэлаӈ, сын, кәмман* (Тоня, имя, есть, мое) – *кәмман ҳэлаӈ Тоњa сын*.

Экэчҳ, тскичэн, уљуљаҳ (Девочка, есть я, маленькая) – *уљуљаҳ экэчҳ тскичэн*.

– Чтение и правильное произношение звуков, слов и целого предложения.
– Работа по картине, картинкам, с вопросами, без вопросов – что расскажет. Попытаться рассказать, потом записать.
– Работа над изложением текста: чтение, пересказ, запись.
– Анализ и пересказ мультфильма.
– Работа над сочинением по плану и без плана на заданную тему.
– Обязательное чтение и пересказ текста.
– Прослушивание родной речи по магнитофонной записи, грамзаписи, радио.
– Стремиться слушать "живую" разговорную речь.
– Использовать стенгазету для пропаганды изучения языка, а значит развития речи, т.к. читая газету, читающий (ученик) тоже старается понять, уловить мысли на родном языке.
– Театральные представления, некоторые по произведениям детей.
– Письмо, поздравительную открытку на родном языке.

Приведем некоторые практические работы по развитию речи

1. *Ккэлых ӆэрвэтэс*: (вставь слово)
а) *Кәмма... тскичэн* (я ... есть).
Кәзза ... сәч (Ты ... есть).
Әнна ... сын (Он ... есть).
б) *Ӄӆнэх әӈӄа кэлычэн* (Прочитай, что написал).

2. *Классанк ... ӆазэн* (В классе ... сидит);
а) *Әнна ... сын* (Он ... есть).
Әннан ... сын (Его ... есть).
(*Ӆэрвэтэ'н әнк'зознэ'н: экэчӽ, ӽольачӽ, ансэ'ӆкиӆӽ, ӽэлаӈ; ч'иныӈлаӽ, исәӈлаӽ, аслаӽ, ульуьаӽ*).
б) *Ӄӆнэх әӈӄа кэлычэн*? (Прочитай что написал?)
Ӄла'атэхч ланом (Перескажи рассказ).

3. Составить и записать в виде связного рассказа предложения со словами:
чӄэ'чӄ, әззанк, чхуззын;
лач, э'лӄ, ӈәззалх'ал, эсатӄзузын;
эсчаӄ, ич'х'ал, спәллазын, пала'ьч, ахӆэсэн;
сэӈзокила'н, тнўмкэ, кэлки, сыӈэззэн;
кӆмаӄо, лэватэззэн.
Сыро, на улице (в природе), дождит.
Солнце, редко, из-за туч, выходит.
Очень, с берез, ветер дует, листочки, снимает (сдувает).
Птицы, на юг, крича, улетают.
Очень скучно, становится.

4. Составить рассказ на тему “*Ӽанклэ*” (“Зимой”), при этом дается только заголовок (или вывешивается картина с таким же заголовком).

5. Словарная работа, как основа для развития устной и письменной речи: выработка правильного произношения, значения слова, употребление слова в различных ситуациях и стилях речи. Слово на доске (или на плакате).
   Картинный словарь: предметный рисунок и слово.

6. Письмо по памяти: записать выученную загадку, поговорку, стихотворение. Такой вид письма развивает память, мышление, речь, внимание. Воспитывается трудолюбие, аккуратность, дисциплинированность, самоконтроль.

7. Изложение.

   Чтобы проверить самостоятельность правильной передачи речи, текста письменно, проводятся изложения. Они носят также характер развития речи, т.к. дети слышат текст, который им надо изложить письменно. Но сначала предложения создаются (составляются) мысленно, устно. Новые слова и выражения надо объяснять и выписывать на доску. Примерный объем текстов для изложения:

   во 2 классе – 20-25 слов,
   в 3 классе – 25-30 слов,
   в 4 классе – 35-40 слов.

   Во 2 и 3 классах проводятся изложения как обучающие. Содержание текстов для изложений, как впрочем и для сочинений, должно носить воспитывающий и интересный характер: это и на защиту родной природы, на бережное отношение к ней, на стремление ее украсить; знакомство с жизнью родного народа; фрагменты из сказок; о животных...

Например, 2 класс: "*Сәмт*".

Кәрвәӡхэтночӽ лазчиӈнэн: соньӡказ – сәмтанкэ вэтат-каз. Кәзза чиныӈлаӽ сәмтэнк сунсч. Ӈу'н птос ӈэйнэ'н, ӄуӡӽэ'н, кивэ'н, ӄыӽ. Ьви ӄвэтатэхч ӽынэӡ кнын сәмт кӡчинэӈэн лэваӡӄзухэн.

Родина. Пословица говорит: Жить – Родине служить (работать).

Ты в красивой стране живешь. Здесь много гор, тундр, рек, море. Хорошо работай, поэтому твоя земля еще лучше будет.

Словарь: *соньӡказ* – жить,

кӡчинэӈэн лэваӡӄзухэн – очень красивой (еще лучше) станет (будет).

3 класс: "*Тмал стовалак заӄ уйэрэт скаӄ ӄсиссх*".

Мәзвинк к'илэк стовал әсӽтэзэн. Ку'н ин чивизлаӽэ'н. Чамзанла'н, кака'н, мэт'ск'э'н, белка'н тхи'ин каӡим-то'н тӽалӄзузнэ'н. Чамзанла'н стовала'ин у'эӡ уйиӄзу-зэ'н. Стотэм чинэӈӄ лузын. Ит'э ӡалэӄзузч охтанк тмал стоваланк заӄ уйикаӄ ӄсиссх.

"Возле кедрача не делай костров".

У нас кругом кедровник растет. Шишки его вкусные. Люди, кедровки, медведи, белки их ядрышки едят. Люди кедровыми дровами топят печи. Когда ходите в лесу, возле кедрача не разжигайте костры.

Словарь: *к'илэӄ* – кругом,

заӄ уйикаӄ ӄсиссх – не разжигайте,

чивизлаӽэ'н – вкусные.

4 класс: "*Ӄазвум*".

Ӄазвум мэзвинк птос эсӽтэзэн. Нэ'н эм эсӽтэзэн. Ит'э итэнмэн ӄазва'н ктхлэ чилӄзувэ'н, хаӆч ламӆ пэскаски. Омтӄзувэ'н ла'лӄ ӄазва'н, энк'эзвэӄзувэ'н, чэск мэмэнк. Ит'э хаӆч ламӆ'ин вэзвэта'н пињӆфӄзувэ'н, вэтатэзэ'н кӄазваӆ. Энк'олознэ'н энна, ахӆэснэн тӆвар, ч'чаӽаӆ энталазнэ'н. Схлэ манзэӈэнк сӽэтӆазэ'н. Ну' тӆваӆчаӽ хилэӈэнкэ, чи'нӈэнокэ энлоӄзувэ'н.

"Крапива".

Крапивы у нас много растет. Теперь только растет. Когда-то ительмены осенью собирали, когда лето пройдет. Связывают несколько стебельков крапивы, сушат внутри балагана. Когда летние работы заканчиваются, работают с крапивой. Разделяют стебель вдоль напополам, снимают верхнюю пленку, палочкой поколотят (это чтоб совсем отделить пленку от стебля). Тогда ладонями нитки делают (сучат). Ту нитку используют для плетения сетей, для шитья.

Словарь: *ӄазвум* – крапива, *энк'эзвэӄзувэ'н* – сушили, *тӆвар* – верхняя пленка стебля, *энлоӄзувэ'н* – держали, использовали.

8. Работа по картине.

Практика показывает, что учителю необходимо следить за последовательностью и логикой изложения учениками увиденного, обращать внимание на формирование умения пользоваться логическими упражнениями: сравнением предметов и явлений, обобщением, доказательством, установлением причинно-следственных связей. Предлагается примерно такой план работы по картине:

а) Подготовка учащихся к восприятию картины.

б) Непосредственное восприятие картины.

в) Осмысление ее содержания.
г) Определение ее названия.
д) Составление плана для рассказа.
е) Устный рассказ по картине.
ж) Письменное оформление рассказа.

Для примера указываются упражнения в конце учебника для 3 класса, начиная с упражнения 16, дальше задания к картинкам. Например, по картине “Зимой” для 1–2 класса. Можно дать тему: “*Уњаʼаʼн пʌӽаʼн*” – “Друзья птичек”. Работа по картине с вопросами: *әӈҟа картинак әʌчкузэн*? (Что на картине видишь?) *Итʼэ ӈонкэ ʌҟзузын*? (Когда так бывает?) *Әӈҟанкит уњай ҟытытызэн*? (Почему птичка замерзает?) Дети попытаются ответить на вопросы, а затем вместе составить рассказ. Вот примерный рассказ ученика, взятый из работы ученика 1 класса:

Уњаʼаʼн пʌӽаʼн.
Уʼэнк уњачӽ ʌазэн. Уљуљаӽ ҷаҷалаӽ сын.
Әӈҟа кәмманкэ ʌозчиӈнэн. Тʼилфсәск:
– Тҟытытыскичэн, тсӽлытызэн.
Эвун ӽанклэ уњаʼн ҟытытызэʼн. Итӽ ҟсӽлытзуҟзузыʼн.
Њэњэкэʼњч нонум зәллэзнэʼн. Уњай уʼэнк ʌазэн.
Ансэʼʌкилаʼн окночанк лаӽсэʼн.

Друзья птичек.
На дереве птичка сидит. Маленькая красная. Что-то мне говорит. Я слышу:
– Я замерзаю, я есть хочу (я голодаю). Всегда зимой птички замерзают. Они голодают. Дети пищу дают. Птичка на дереве сидит. Учащиеся в окно смотрят (наблюдают).

Этот же текст в 3 классе можно использовать и для изложения, и для диктанта.

НОРМЫ ОЦЕНКИ ЗНАНИЙ, УМЕНИЙ И НАВЫКОВ ПО РОДНОМУ ЯЗЫКУ

[Раздел взят из “Методических рекомендаций к преподаванию родного (корякского) языка”, п. Палана, 1989 г. Отдел народного образования Корякского окрисполкома.]

При оценке письменных работ исправляются, но не учитываются орфографические и пунктуационные ошибки:

1. на правила, которые не включены в программу;
2. на еще не изученные правила;
3. в словах, над которыми не проводилась специальная работа;
4. на единичные пропуски точки в конце предложения, если первое слово следующего предложения начинается с заглавной буквы.

   При оценке письменных работ следует учитывать характер ошибок. Негрубыми ошибками считаются следующие ошибки:

а) повторение одной и той же буквы в слове;
б) недописанное слово;
в) при переносе слова, одна часть которого написана на одной строчке, а вторая опущена;
г) дважды написано одно и то же слово в предложении;
д) описка – несколько раз слово написано правильно, но в одном случае пропущена буква.

При подсчете ошибок две негрубые ошибки считаются за одну. Ошибкой считается каждое неправильное написание слова: пропуск буквы, вставка лишней буквы, замена одной буквы другой, неправильное деление слова при переносе части его на новую строку. Повторяющаяся ошибка в одних и тех же словах считается за ошибку.

1. Оценка письменной речи учащихся

Списывание

Материал для списывания дается как в виде отдельных предложений, так и в виде текстов. В 1 и 2 классах следует проводить списывание текста без каких бы то ни было изменений.

Дословное списывание текста оценивается как с точки зрения орфографии, так и каллиграфии. Осложненное списывание, кроме того и с точки зрения грамматических знаний учеников, так как выполнение заданий требует грамматических знаний.

За списывание текста установлены следующие нормы оценки:

Оценка "5" – за работу, выполненную чисто, без орфографических ошибок, но могут быть допущены две-три описки или перестановки букв.

Оценка "4" за работу с двумя-тремя ошибками, описками или перестановками букв, за небрежность при письме.

Оценка "3" – за работу, в которой допущено три-шесть ошибок, описок или перестановок букв, текст написан неаккуратно, со многими искажениями начертаний букв.

Оценка "2" – за работу, в которой допущено более шести ошибок, описок или перестановок букв.

Оценка "1" – за работу, в которой допущено более семи ошибок.

Диктант

Для диктантов целесообразно использовать связные тексты. Они должны быть доступными по содержанию и не иметь для учащихся неизвестных слов и конструкций. Если в тексте диктанта встречаются незнакомые слова, то их необходимо объяснить и записать на доске. При подсчете количества слов в диктанте принимаются во внимание все слова, включая заглавие.

Примерный объем диктанта должен быть следующим:

1 класс: в конце 2-го полугодия – 15–16 слов.
2 класс: 1-е полугодие – 18–20 слов.
2-е полугодие – 20–30 слов.
3 класс: 1-е полугодие – 30–35 слов.
2-е полугодие – 35–40 слов.
4 класс: 1-е полугодие – 40–45 слов.
2-е полугодие – 45–50 слов.

Диктант оценивается одной оценкой. Нормы оценок за диктант следующие:

"5" – за диктант, который написан чисто и в котором не более двух ошибок.
"4" – допущено не более четырех ошибок.
"3" – допущено не более восьми ошибок.
"2" – допущено не более двенадцати ошибок.
"1" – допущено более тринадцати ошибок.

Изложение – об изложении читайте в Приложении 4.

2. Оценка навыков чтения

Чтение оценивается с точки зрения его техники (правильность, беглость, выразительность) и понимания прочитанного.

При выставлении оценки учитываются следующие примерные показатели скорости чтения:

1 класс – 15–18 слов/мин.
2 класс – 20–35 слов/мин.

3 класс – 40–55 слов/мин.
4 класс – 55–60 слов/мин.

Оценка "5" ставится учащемуся, если он правильно читает, не допускает искажений и перестановок знакомых слов, отчетливо произносит звуки и слова, соблюдает ударение в словах, паузы, интонацию.

Оценка "4" – если навыки чтения соответствуют требованиям, установленным для оценки "5", но при этом допускает 2–3 ошибки в словах (искажает произношение слов, допускает перестановку, замену, неправильно ставит ударение в слове), не соблюдает пауз в конце предложения и затрудняется в выборе нужной интонации.

Оценка "3" – если читает отрывисто, недостаточно выразительно, допускает 4–5 ошибок.

Оценка "2" – читает все слова отрывисто, не владеет техникой чтения, предусмотренной для данного класса, допускает более шести ошибок.

Оценка "1" – не может прочитать предложенный текст или допускает больше ошибок, чем на оценку "2".

Уроки чтения

Уроки чтения – это прежде всего уроки воспитания, т.е. формирования взглядов и отношений. Воспитание и развитие учащихся на уроках проходит в процессе активной познавательной деятельности. Эту познавательную активность учащихся необходимо развивать, поддерживая интерес у них к чтению при помощи правильно намеченной системы вопросов и заданий для работы с текстом. Выполняя задания учителя, учащиеся внимательно вчитываются в текст, вдумываются в его содержание. Система вопросов и заданий помогает учащимся понять главное в произведении, составить общее представление. Выполняя задания, учащиеся неоднократно перечитывают текст.

Обязательные элементы в уроке чтения: подготовка учащихся к чтению, первое чтение текста, работа с текстом и обобщение, закрепление полученных представлений, проверка домашнего задания обязательна, но ее можно проводить не всегда в начале урока.

На уроках чтения также обязательна словарная работа, артикуляционная работа со звуком, работа над развитием речи, введение игровых моментов, так же интересных физминуток, по возможности использование ТСО (технических средств обучения: магнитофон, грамзапись, телевизор, диафильмы, видео ...), отработка техники чтения, образцовое чтение учителя или прослушивание на магнитофоне.

ПРИЛОЖЕНИЕ 5

Материал для урока и внеклассной работы

При обучении детей в начальных классах используются загадки, пословицы, игры, стихи.

Большую ценностсть представляют загадки. К сожалению, в ительменском фольклоре не нашлось ни одной загадки. Может их не было, может они затерялись во времени.

Предлагаемые загадки для работы составлены автором, да и сейчас составляются специально для работы на уроке. Они проверены при работе автора в школе. Много загадок переведено с русского языка.

Уроки с использованием загадок проходят интересно и не утомляют учащихся, доставляя им полезные упражнения для ума. Не случайно этот жанр широко применяли в обучении детей младшего школьного возраста великие отечественные педагоги Г.Д. Ушинский, Л.Н. Толстой. Создавая свои учебники для детей, Ушинский и Толстой включали в них как необходимый компонент народные загадки. Вот что писал по этому поводу Ушинский: "Загадку я помещал не с той целью, чтобы ребенок отгадал сам загадку, хотя это часто может случиться, так как многие загадки просты; но для того, чтобы доставить уму ребенка полезное упражнение; приладить загадку, дать повод к интересной и полной классной беседе, которая закрепится в уме ребенка именно потому, что живописная для него загадка заляжет прочно в его памяти, увлекая за собой все объяснения, к ней привязанные."

Загадки – *загадка'н*

Ԓалэкила'нк (о животных)

1. *Тхунлаӽ °плаӽ кмоӄрэ'ин, əсчаӄ кэлызын. Əӈӄа сын?* (*мэт'ск'ай* – медведь)
   Темный мохнатый большой. Сильно ревет (кричит). Что это?
2. *Əӈӄа схəллазэн уљуљаӽ атхлаӽ °плаӽ элвалэӈ?* (*миљԓай* – заяц)
   Что бежит маленький светлый (белый) большое ухо?
3. *Нух ӈосӽ, нух ч'ач'алаӽ ӄохч. Əнӄа сын?* (*т'салай* – лиса). Вот хвост, вот красная кухлянка. Что это?
4. *Уљуљаӽ, уљуљаӽ! Ч'инэӈк чаӄа'сын?* (*уњачӽ* – птичка)
   Маленький, маленький! Красиво (хорошо) поет.
5. *Əсчаӄ кэлызын, мэйэӈ к'ампəллаԓ'ан, əнна тԓəмчан. Əӈӄа сын?*
   (*ӄэԓч'ум* – комар)
   Громко кричит, сильно кусается. Я его убил. Что это?

Переводные о животных:

1. *Ктхлэнк пхаљачҳанкэ ч’эватахэн, анок ӈа’ныхэн. (қламљ)*
   Осенью в дырку заходит, весной просыпается. (Муха)
2. *Ӈосҳаљ ч’увахэн ҳокэ – котљкэ. Ма’ энна? Қа’м љкзанок, әӈқа сын? (әњчай)*
   Хвостом шевельнет туда-сюда. Где она? Нет следа. Что это? (Рыба)
3. *И’энк сунсын, қа’м нонок – токтоназэн. (әњч)*
   В воде живет, без клюва – а клюет. (Рыба)
4. *К’э чақоланк ухт тәмпснэн? (қоз)*
   Кто на голове лес носит? (Олень)

О природе (*Әззанк*) **– переводные**

1. *°Сŏлқзувэн, °сŏлқзувэн, кэванкэ анок схәллазахэн? (қәллал).*
   Лежит, лежит, в речку весной побежит. (Снег)
2. *Сунсын – °сŏллозэн, изахэн – схәллазэн. (қәллал)*
   Живет – лежит, умрет – побежит. (Снег)
3. *Әззанк ӈэйӈэљ, кистэнк – и’эљ. (қәллал)*
   На дворе – горой, в избе – водой. (Снег)
4. *Қа’м сэсэӈақ сыӈэзын, қа’м қтҳаӈэнк схәллазэн, қа’м химљхақ лузын. (спәл, ӈәзза’л, лач)*
   Без крыл летит, без ног бежит, без огня горит. (Ветер, тучи, солнце)

Составленные автором загадки – времена года

1. *Қәллал усхэнк, кэтвол кивэнк, әсчақ спәллазэн. Ит’э ӈонкэ љқзузын? (ҳанклэ)*
   Снег на полях, лед на реках, сильный ветер. Когда так бывает? (Зимой)

2. *Хилкаӄ әззанк, спәллазэн, чхуззын. Ит'э ӈонкэ ӆӄзузын? (ктхлэ)*

   Холодно на улице, ветер дует, дождит. Когда так бывает? (Осенью)

3. *Ч'инэӈӄ әззанк хэ'омӄ. Ит'э ӈонкэ ӆӄзузын? (ламӆ)*

   Красиво в природе, очень тепло. Когда так бывает? (Летом)

4. *Лаччаӽ омлаӽ, ӄәллал чозын, кăӆчфсом т'энӈэзын. Ит'э ӈонкэ ӆӄзузын? (анок)*

   Солнышко теплое, снег тает, сосулька висит. Когда так бывает? (Весной)

Другие загадки — *Ӄула'н загадка'н*

1. *Касӽ лаӽсӽэнк кувумнук п'эчэнк. (хк'ә'н)*

   У двух матерей по пяти сыновей. (Руки)

2. *Фаӄтзосч – кӆфăньчк °сŏллозэн, салкэ лаӽӆӽатэсч – кэстанкэ схәллазэн. (ӄтӽŏс)*

   Шагнешь – вперед бежит, назад посмотришь домой бежит. (Дорога)

3. *Ӄтӽŏсӽчаӽэнк схәллазэ'н фивусэ'н-ӄэта'ньч. (лэӈа'н, ӄтӽа'н)*

   По дорожке бегут доски да ножки. (Лыжи и ноги)

4. *Ч'иныӈлаӽ сап °сŏллозэн. Әӈӄа сын? (ӄуӆӽ)*

   Красная шкура лежит. Что это? (Тундра)

5. *Льви хитхунлаӽ энсчэнәӈ миӆ сәмт к'энсчэ'ин. Ты'н ... (кӆфиӈлэ)*

   Очень темное одеяло всю землю закрыло. – Это ... (ночь).

6. *Мэл чаӄа'сын, әсчаӄ кәрвәӆӽэтызын, кӆфиӈлэ иӆчизэн. Ты'н ... (радио).*

   Громко поет, очень разговаривает, ночью молчит. Это ... (радио).

Пословицы (переводные) — *Кәрвәԓҳэтно'ьч*

1. *°Фнэва к'изазахч – эпԓҳанкэ к'ынэкӄзузхч.*
   Сам погибай – товарищу помогай.
2. *Тмал лачанк љви хэ'омӄ, тмал лаҳсҳанк љви ч'инэӈӄ.*
   При солнышке очень тепло, при матери добро.
3. *°Ӄниӈ книгэ' әмптова ч'амзанла'л наньчпэзнэн.*
   Одна книга тысячу людей учит.
4. *Вэтвэт ч'амзаньԓҳ ԓиннуӄзознэн.*
   Работа человека кормит.
5. *Ламԓ чилӄзузнэн, ҳанклэ тҳалӄзознэн.*
   Лето собирает, зима поедает.
6. *Ламԓ ӄа'м вэтатӄзаԓ – ҳанклэ кукэч хә'ньч ӄэвахин.*
   Летом не поработаешь – зимой кастрюля не закипит.
7. *Кӈытэсхч ӄэӄәӈ љви лӄылӄэнк.*
   Береги нос в большой мороз.

Ительменские поговорки — *Итәнмән'ин лано'ьч:*

1. *Фәљаљазын, ӄа'тх какач.*
   Болтает, как кедровка.
2. *К'э хупсхунуӄзузэн, ӈу' мтӄла'ай.*
   Кто спотыкается, тот евала (рыба, отметавшая икру).
3. *Фәљаљазын, ӄа'тх ӄэвизын.*
   Быстро говорит, как кипит.
4. *Тэлвэчӄ сч'әллэтэсч, ӄа'тх амӈэлэсч.*
   Тихо едешь, как сказки рассказываешь.
5. *Кԓ'ийакилаҳ, ӄа'тх ч'иҳчаҳ.*
   Страшный, как сова.
6. *Ч'ирукэчҳ, ӄа'тх љәԓк'эчҳ (ч'имикэчҳ).*
   Воришка, как мышонок.

Стихи — *Стиха'н, лано'њч*

Сәмт – Родина

Илфсэзэн кивэчӽэн чаӄа'ӈэчӽ?
Ты'н – кнын сәмт сын.
Илфсэзэн ч'оњањчӽан кэлэс?
Ты'н – кнын сәмт сын.
Әӈчкузэн крэмњан эӈэзэ'њч?
Ты'н – кнын сәмт сын.
Ансэ'ӈном, ма' кнын пӈӽа'н,
ты'н – кнын сәмт сын.
Кнын лаӽсӽан хк'ә'н,
хӑрвӑрвач чфу'ин эк хӑрвӑрвач сӈака'и'н.
(М. Пляцковсканк)

Слышишь песенку ручья?
Это – Родина твоя.
Слышишь голос соловья?
Это – Родина твоя.
Видишь звездочки Кремля?
Это – Родина твоя.
Школа, где твои друзья,
это – Родина твоя.
Руки матери твоей,
шум дождя и шум ветвей.
(М. Пляцковский)

Некоторые стишки, придуманные автором во время работы с учащимися:

Майано'н – игрушки.

Нух ты'н ӄсас сын – вот это гусь,
нух ты'н мињӈ – вот это заяц,

ты'н нух ҳэ'луч – вот это кукла,
кәмман п'эч – мое дитя.

Кәмман ктхәӈ – моя голова,
кәмман кчэч – мой лоб,
кәмман увик – мое тело,
нух ты'н хк'әч – вот это рука.

Уњачҳ сэӈзозын – птичка летает,
уњачҳ ма'сын – птичка играет,
уњачҳ чаҟа'сын – птичка поет.
Уњачҳ сыӈҟзувэн – птичка летала,
уњачҳ ма'ԃҟзувэн – птичка играла,
уњачҳ ҟа'т ксыӈкнэн – птичка уже улетела.

Ухт – лес.

Ламԃ ухт фԃлаҳ сын – Летом лес зеленый.
Әнна фԃлазэн – Он зеленеет.
Ҟа'т фәсх кфԃлакнэн – Уже зазеленел (прозеленел).
Ктхлэ ухт ԿаԿалаҳ сын – Осенью лес красный.
Әнна ԿаԿазэн – Он краснеет.
Ҟа'т тэнаҟ кԿаԿакнэн – Уже опять покраснел.
Эк' ҳанклэ кк'оԃкнэн – Зима же пришла.
Ҟа'т фәсх атхлаҳ – Наверно уже белый (лес),
ҟа'м ин ктвэлаҳ – нет черный.
Эвун т'аԃх'ал ухт ктвэзэн – Всегда издалека лес чернеет.

Љви триватэскичэн! – Очень радуюсь я!
Ҳэтус ктхлэ кԿаԿакнэн! – О! Осень покраснела!
Љви ԿаԿалаҳ ухт сын – Совсем красный (яркий) лес.
Ӈу'нум ԿаԿазэн ҟысҳчаҳанкэ – Так и краснеет (желтеет) до неба.
Әӈҟанкит ҟысҳчаҳанкэ? – Почему до неба?

Эк’ лаччаӽ ич’зын (а’нфсэзэн)! – Да солнце светит!

Ты’н қысӽчаӽ, ты’нвэ’н ӈэйӈэ’н,
ты’нвэ’н кивэ’н, кăԓфа’н,
°плаӽэ’н қуԓӽэ’н –
ты’н кэмман сэмт сын.

Это небо, эти горы,
эти реки и озера,
большие тундры –
это моя родина (земля).

ПРИЛОЖЕНИЕ 6

Некоторые плакаты при обучении грамоте можно использовать как для постоянной настенной вывески, так и временно.

1. В начальной школе и на первоначальном этапе обучения языку:

а) Не пропустил ли ты букву (буквы)?
б) Правильно ли написал букву?
в) Проверь написанное.
г) Не уверен – спроси у учителя.

2. Памятка при проведении творческих работ:

а) Составь рассказ.
б) Выдели первое предложение. Вспомни три правила о предложении.
в) Запиши, диктуя сам себе по слогам. Где нужно, подбери проверочные слова.
г) Проверь по слогам каждое слово.
д) Проверь, все ли нужные мысли ты записал.

Памятки написаны на русском языке, пока еще родной язык только изучается.

3. Плакат: "*Ӆви чиныӈлаӽа'н ансэ'ӆкила'н!*" Можно перевести: "*молодцы!*", а дословный перевод: "Очень хорошие учащиеся!"

а) под этим плакатом висят лучшие тетради учеников;

б) кто прочитал и пересказал книгу, написал хороший рассказ;

в) фамилии тех учащихся, которые стараются лучше учить и запоминать родную речь...

О применении поощрений учащихся (от простых до более сложных):

а) Мимические и пантомимические:
аплодисменты товарищей;
улыбка учителя;
ласковый взгляд учителя;
пожатие руки;
учитель погладил по голове.

б) Словесные: – Умница! Молодец! *Ч'иныӈлаӽ ансэ'ӆкиӆӽ: сэч!*
– Вы сегодня хорошо поработали! *Туза'н нэ'н ӆви чинэӈӄ вэтаӄзуӆсх!*
(В конце урока учитель называет фамилии учеников, хорошо поработавших.)

в) Материализованные: флажок на парте; значок "Лучший чтец", "Грамматик" – "*Ч'иныӈлаӽ аньӆнэӆкиӆӽ*", "*Ӆви кэ'ньӆкиӆӽ*".
Благодарность в дневник; звездочка (или цветок из открытки) на обложке тетради.

г) Деятельностные:
познавательная игра, более сложное задание.

е) Поощрение отметкой (оценкой).

В результате успешного применения поощрений возрастает познавательная активность; увеличивается объем работы на уроке, так как повышается внимание и хорошая работоспособность...

- поощрение должно применяться в системе, объективно;
- учитывать индивидуальные возможности и развитие детей, их подготовленность;
- идти от занимательных поощрений, основанных на эмоциях, к сложным, наиболее эффективным формам поощрений – деятельности.

(Журнал “Начальная школа”, 12, 1990 г., стр. 14–15)

Основные конструкции предложения

Организующим центром предложения в ительменском языке является **глагол**. Оформление глагола, тип его спряжения определяют конструкцию предложения. По способу спряжения глаголы ительменского языка делятся на два основных типа: субъектные и субъектно-объектные; в соответствии с этим и конструкции предложения, в которых выступают глаголы этих двух типов, называются субъектными и субъектно-объектными.

Субъект –

1. Предмет суждения, логическое подлежащее, по отношению к которому выделяется предикат (сказуемое).
2. То же, что грамматическое подлежащее (стр. 432).

Объект –

Предмет, находящийся в каких-либо отношениях с действием. Грамматически выражается дополнением. (стр. 213)

Субъектно-объектные отношения –

Отношения подлежащего и прямого дополнения, устанавливаемые при посредстве сказуемого. Ученики пишут сочинение. (стр. 432. *Ансэ'ӈкила'н ланом кэ'нсы'н.*) (Справочник лингвистических терминов. Изд. Москва, 1972, Д.Э. Розенталь, М.А. Теленкова)

Субъектная конструкция двучленна: субъект-подлежащее в абсолютном падеже. Указание на подлежащее имеется в форме глагола-сказуемого; это достигается согласованием подлежащего и сказуемого в лице-числе. *Кəмма твэтатэскичэн* – Я работаю. *Ипӈӽ схэзивэн* – Товарищ уехал. *Лаӽсӽ кукэӄзахэн* – Мать будет стряпать (варить).

Субъектно-объектная конструкция трехчленна: помимо глагола в ней представлены имя субъекта и имя объекта действия. Оба этих элемента вводятся в абсолютном падеже и на уровне членов предложения определяются как подлежащее и прямое дополнение. В форме глагола-сказуемого имеются указания как на подлежащее, так и на прямое дополнение (согласование в лице-числе): *Исх аньч̆пнэн п'эч* – Отец выучил сына. *Т'салай əнкчиңнэн миньӈ* – Лиса поймала зайца.

Подлежащее и прямое дополнение, если они оба выступают в 3-м лице, различаются только *порядком* слов: прямое дополнение в любом случае следует после подлежащего. Перемена мест ведет к перемене смысла: *П'эч аньч̆пнэн исх* – Сын выучил отца.

Сказуемое в трехчленной конструкции обычно занимает второе и третье место: *Исх п'эч аньчпнэн* – Отец сына выучил; иногда в зависимости от контекста оно занимает и первое место: *Аньчпнэн исх п'эч* – Выучил отец сына.

(А.П. Володин, "Структура предложения в языках различных типов", сборник статей, Л. изд. "Наука", стр. 240.)

ПРИЛОЖЕНИЕ 7

Занимательность при изучении родного языка

Игра помогает учителю и ученикам учить и учиться интересно. Дидактическая игра помогает решать важнейшие дидактические задачи уроков обучения грамоте:

а) проводить слого-звуковой анализ (подбор слов по данной схеме);

б) читать слова по таблице;

в) писать эти слова.

Вот пример игрового момента для закрепления слов с показателем *-лах̧ / ьах̧* (это слова прилагательные). Цель: чей ряд правильно скажет, прочитает без ошибок.

1) Дети встанут в два ряда друг против друга, меняя читающего и говорящего. Одни говорят (читают на доске) первый столбик, другие – второй:

   °плах̧ – улъулъах̧ (большой – маленький);
   атхлах̧ – тхунлах̧ (светлый – темный);
   икэмльах̧ – ивлах̧ (короткий – длинный);
   куньлах̧ – котлах̧ (узкий – широкий).

   Можно предлагаемые слова произносить с переводом для проверки запоминаемых слов; можно и так, что один ряд говорит на родном языке, другой – перевод и т.д.

2) Прочитайте загадку, отгадайте:

а) *әӈӄа схәллазэн уљуљаӽ атхлаӽ °плаӽ элвалэӈ?* (Что бежит маленькое, светлое, большое ухо?) *миљԓай* – заяц.
Задание: прочитайте слова с показателем: -*лаӽ* / - *љаӽ*
на какой вопрос отвечают?

б) Расскажи загадку, пусть товарищи отгадают. Найди слово с вопросом *саӄ? мин?* – какой?
Назови показатель слова. *Ӄлаватэхч загадка', пԓӽа'н ӽәнозэнӄзовэнэ'н. Ӄчких ԓэрвэтэс ԓиљԓуноԓ саӄ? мин? ӄ'очзох ԓэрвэтэса'н әнксхлэс.*
Правильность письма зависит от умения проговаривать звучащее слово.

Предлагаемые игры это только малая толика, используемая автором на уроках. Учитель может при желании сам придумать, составить, сделать какие ему нужны игры.

1. Написать на картоне или толстой бумаге вразброс несколько букв – гласные, согласные – из которых надо собрать слова. Эта игра интересна тем, что можно подобрать буквы так, чтобы составить слова на заданную тему, или просто слова, или слова, из которых потом можно составить краткие фразы.

Например: 1

ӄ	*к'*	*х*
ы	*о*	*н*
ч	*с*	*з*

2

ч	*ч'*	*н*
ы	*а*	*ӽ*
з	*л ӄ*	*о*

а) *ӄоз, к'осын, ӄохч, чозын, сын, ноз* – олень, идет, кухлянка, тает, есть (глагол-связка), юкола.
Фраза: *Ӄоз к'осын* – олень идет.

б) *лач, лаччаӽ, лазын, аԡал, озал, зақ, ԡозақ, ԡозақал, ԡоқ, ԡақ* – солнце, солнышко, говорит, берестяная посудина для сбора ягод, эхо, нельзя, муравей, муравейник, три, четыре.

фразы: *Лач (лаччаӽ) лазын* – солнце (солнышко) говорит.

Озал лазын: ԡоқ, ԡақ – Эхо говорит: три, четыре.

2. Тематические слова

Кто больше и быстрее придумает (возможно и запишет) слов на тему:

ухт – лес (*иԡ* – береза, *ԃивумч* – тополь, *ԡэԡэм* – тальник, *стотэм* – кедрач, *кскэт* – ольха, *кытхԃ* – ветла)

килвиԃх ансхчаӽ – часть тела (*лоӈ* – *лу'л* – глаз, глаза, *қэқэӈ* – нос, *увик* – тело, *ктхэӈ* – голова, *ктӽӑӈ* – нога, и т.д.)

3. Игра в цепочку

Хотя эта игра приемлема в более старшем классе, так как дети знают уже больше слов. Но она тоже увлекательна.

Начинает игру учитель, задавая слова. Дальше ученик (можно по указанию учителя, по желанию ученика) продолжает игру. На какую букву слово заканчивается – на такую должно начинаться следующее слово:

кист – тувақ – қува – а'асх – хк'эч ...

(дом – кулик – штаны – гнездо – рука ...)

4. Лото

Эта игра особенно хороша в “0”, “1” классе, детском саду. По количеству играющих, т.е. детей в классе, надо сделать специально разграфленные картонные листы, можно размером 30х20 или 30х30 см. На клетки через клетку наклеивается картинка по теме (или без темы просто для работы со сборными словами). Отдельно, точно по величине клетки, наклеивается такой же предмет.

Учитель (воспитатель в детском саду) называет слово, например: *кукэч* (кастрюля), а дети ищут в карточках с таким изображением наклейку. Накрывают на картоне такой же предмет. Кто больше и правильнее накроет одинаковых картинок, тот и победитель. Его следует поощрить.

5. "Испорченный телефон"

Дети могут сесть рядом в ширину или в шеренгу. Учитель, а потом кто-нибудь другой, тихо, чтобы никто не слышал, говорит первому игроку на ухо слово – можно те, которые сегодня выучили или для повторения. Тот передает следующему игроку тоже на ухо и т.д. Последний должен назвать слово громко. Если слово произнесено правильно, то игра продолжается в том же порядке, а если кто-то нарушил произношение или новое придумал, того отравляют куда-нибудь подальше (у нас – в самый дальний угол, в лес, к морю. Или в Палану, в Воямполку, так как на Камчатку уже не отправишь – мы итак на Камчатке). Туда, куда отправляют, называют местность или название села на родном языке:
Тигиль – *Самзат(кэ)*, Хайрюзово – *Плэӽан(кэ)*, Палана – *Ӄӆӽыт(анкэ)*, Сопочное – *Сузвай(йанкэ)* и т.д.

6. Игра "Рыбак и рыба"

Дети берутся друг за друга. Все игроки имеют название рыбы – каждый должен правильно запомнить название рыбы. Рыбак – *әлвэнтзоӆкиӆӽ* – ловит последнюю "рыбу". Если он ее поймает, то пойманный должен назвать себя названием рыбы и выходит из игры. Игра заканчивается после поимки последней рыбки.

7. "Телевизор"

Середину картона вырезать как экран телевизора. Нарисовать разного рода включающие кнопки. Это несложное "телевизионное" устройство учитель может использовать по своему усмотрению:

1) Кто-нибудь уз учащихся берет на себя роль "диктора". Одних он приглашает задавать загадки, других – отгадывать.
2) Читать и слушать стихи (пословицы).
3) Рассказывать сказки.
4) Проводить беседы об охране природы, зверей и т.д.
5) Можно показать рисованный учащимися класса фильм на заданную тему: "Береги ручеек, реку, море" (Потом беседа: зачем, почему?);
   "Национальные ремесла" (сделать бат, нарту, корыта, корзинки ... как можно?) ...

8. Упражнения в быстром чтении

Учитель показывает буквы, ученики правильно их произносят, а потом они хором должны сказать, какое слово получилось.

Или учитель последовательно показывает указкой буквы на настенной азбуке с карманчиками, дети сначала молча читают слово, затем называют его.

9. Домино (словарное)

Делается картонное домино: картинка по теме – ягода, цветы, деревья ... на другой половинке домино – другая картинка. Игра по принципу домино, только вместо счетных точек – картинки, которые надо не забыть поставить по теме. Разумеется все слова называются на родном языке.

10. Заполнить таблицу (по типу кроссвордов)

Написать названия животных

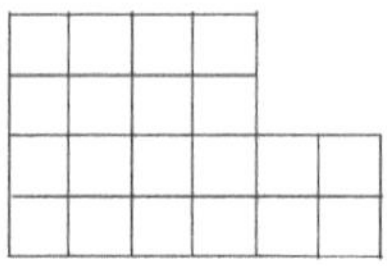

Написать названия посуды (нац.)

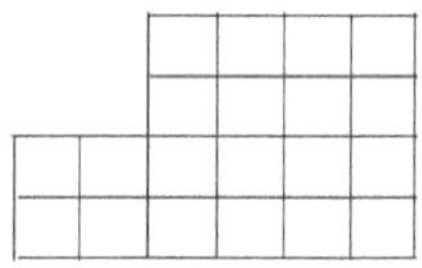

(*т’сал* – лиса, *мињԓ* – заяц, *и’ноӄ* – горностай, *мэт’ск’э* – медведь)
(*ач’ал, оромх, мумх* – берестяные посудинки для сбора ягод; *ӄэпх* – корыто из дерева; *анәс* – ковшик; *љэпхэ* – корзинка из травы).

Игры своим содержанием, формой организации, правилами и результативностью способствуют формированию умений анализировать, сравнивать, сопоставлять, выделяя характерные особенности предметов, событий, явлений природы и др., это влияет на развитие внимания, наблюдательности, пространственных представлений, воображения.

Хорошо организованные игры имеют воспитывающий потенциал. Они помогают вырабатывать определенные качества личности: усидчивость, терпение, взаимоуважение, взаимопомощь, аккуратность. Все это вместе взятое и позволяет активизировать мышление, формировать устойчивый интерес к организованности (умение не только командовать, но и разумно подчиняться).

11. Игра “Учитель и ученик”

Один из детей – “учитель”, другой (и остальные за партами – ученики) – ученик. “Учитель” может задавать вопросы, ученик отвечает. Если ученик ошибся, то его поправляет другой ученик.

– *Әӈӄа сын*? – Что это? (Показывает на какой-нибудь предмет.)
– *Маʼ Ваня сын*? – Где Ваня?
– *К'э кәзза сәч*? – Кто ты есть?

(Ответы соответствуют вопросам:
Ты'н хк'әч – это рука ...
Ваня әззанкэ киҙкнэн (кхўмсткнэн) – Ваня вышел.
Кәмма Тоня тскичэн – Я Тоня ...)

"Учитель":
– *ӄла'атэхч загадкаʼ* (*ланочӽ* ...).
Расскажи загадку, (стишок, пословицу ...).

Ученик должен самостоятельно выбрать себе что-нибудь для рассказа наизусть.

ПРИЛОЖЕНИЕ 8

Исторические справки на уроках и внеклассной работе.

> "Язык – это история народа.
> Язык – это путь цивилизации и культуры...
> Поэтому-то изучение и сбережение языка
> является не праздным занятием от нечего делать,
> но насущной необходимостью".
>
> (Куприн А.И.)

Задача учителей – пробудить стойкий интерес учащихся к изучению родного языка. А через язык возможно воспитание у молодежи любви к Родине, к родным местам, интереса к традиционно установившимся формам хозяйства. В связи с этим надо больше рассказывать учащимся о прекрасной северной природе и о том, что наш народ, как и другие народности Севера, накопил богатейшие знания об окружающем их животном и растительном мире. Необходимо обратить особое внимание на то, что дальнейшее сохранение и развитие традиционных промыслов тесно связано с проблемой сохранения человеком окружающей среды и рационального использования природных ресурсов Севера. Важная задача – не только глубже изучать накопленные веками знания народом о природе, но и шире внедрять их в практику современной хозяйственной деятельности: промысел рыбы, охота, сельское хозяйство, животноводство и др.

В своем историческом развитии наш народ создал своеобразную культуру, приспособленную к суровым северным условиям: жилища, орудия труда, предметы быта, религиозные верования, обряды и обычаи.

Например, средства передвижения, которые не наносили ущерба местной северной природе, обязывают молодежь учиться сохранению традиционных средств передвижения – дело это нелегкое: дрессировка собак, изготовление нарт, заготовка корма для собак, изготовление водного транспорта, уход за конями и заготовка сена на зиму.

На уроках же учителю пригодится такой словарный запас в связи с изучением транспорта (хотя он дан в программе): *Тхтӯм* – бат, *тхтӯԓ* – на бату (батом); *паром* – два бата, связанных вместе особым способом; *конь* – конь, *коньаԓ* – на коне; °*ӄосӽ* – собака, °*ӄэӄсӽоԓ* – на собаках; глагол *сч’әлказ* – ехать, передвигаться, *сч’әлэзэн* – едет, передвигается.

Тхтӯм – бат, лодка долбленная из цельного ствола тополя. “Носы” – передний и задний – суженные. Пока дерево сырое, по середине и по концам (ближе к концам) вставляли распорки соответственных размеров для того, чтобы борта сырого выдолбленного бата не соединялись. А когда дерево высыхало, эти распорки не вынимались, и позднее они служили для привязывания веревки, для связывания другого бата при помощи крепкой длинной палки. Получался *паром*. Он служил для перевозки большого груза, так как один бат очень валкий, на нем надо научиться передвигаться. Вниз по реке плыли при помощи весла, иногда *шеста-и'лэвэнӧӈ*. Вверх по реке подниматься было очень тяжело, даже с пустым батом. Это был величайший труд. Мужчины (или один) должны были, стоя на ногах, всю дорогу (речку) работать этим шестом, отталкиваясь им о дно реки. Двое мужчин на одном бату, трое или четверо на пароме.

Поскольку речь идет о реке, то здесь учителю можно предложить следующие моменты из материала по теме "Рыболовство" для использования на уроках:

Ч'руч (сейчас называют *чируч*), *мэрас, тҁапэс* – это все приспособления для летне-осенней и зимней ловли рыбы: гольца, корюшки и некрупных лососевых. В национальных поселках мужчины могут рассказать лучше об их устройстве. Учитель может (а иногда и обязан) спросить об этом мужчин.

Особо следует рассказать о слове *ахтнӧм* – место для обработки рыб. Это слово пригодится во время работы с букварем, стр. 18, стр. 78 и далее. Раньше рыбу чаще всего разделывали в летниках, *ла'мӡно'н* – летники, места, используемые в летнее время для заготовки рыбы на зиму. В поселке делали точно так же. То есть во время большой рыбы – его называют рунный ход – для разделки рыбы нарезали траву, настилали ее. Все, кто мог носили рыбу, в том числе и дети. Женщины с некоторыми мужчинами разделывали рыбу обязательно на траве, так что после окончания разделки все кишки вместе с хребтиной от рыбы вешали сохнуть на зиму для корма собакам или кидали в специальную яму тоже для кормления собак – получалась кислая рыба *хилвўл*. Если возле дома, т.е. в поселке, кишки иногда бросали в землю для удобрения, но это уже в последнее время, так как собачьих упряжек осталось мало. Правда, сейчас делаются попытки их возрождения.

Какие же продукты производили наши предки (даже еще недавно) из рыбы? Разные и много в количественном отношении.

Нонум – пища, еда. В соответствии с образованием слов, обозначающих место, где что-то происходит, например: *атном (село), ансэ'ɉном* (школа), *ӄтаном* – место для сбора ягод и т.д., мы образовали современное слово *столовая* – *новаɉном*, т.е. место, где едят: *иɉӄ* – суп, *чупəркэ* – рыба испеченная в золе. Когда появились печки, *чупəркэ* стали пропекать на противне, положив сначала одну рыбную пластину кожей вниз, потом слой промытой сырой сараны или черемши, потом вторую пластину, кожей вверх.

Тэɉной, тэɉно'н (ед.ч., мн.ч.), – национальная котлета (от глагола: *тэɉкас* – толкать/натолкать внутрь чего-то). Делали ее величиной с ладонь. Рыбное мясо без костей и кожи толкли в деревянном корыте *ӄэпхэнк спэɉ* – специальным камнем (*спэ'* – камень-толкуша удлиненной формы, книзу потолще, кверху потоньше, чтобы удобней было держать). Потом фарш долго мяли руками, добавляя по вкусу соль, черемшу, подливая немного воды. Когда фарш был готов, начинали делать *тэɉно*: брали фарш, на ладони делали лепешку, клали ложку начинки из вареной толченой сараны (теперь из картофеля). Делали как мучной пирожок, потом жарили на разогретом нерпичьем жире (перетопленный нерпичий жир имел вид растительного масла). В настоящее время вместо нерпичьего жира используют растительное масло. *И тэӆно'н* готовы. *Қ'нузсх љви ч'инэӈқ кӆч'ивизи!* (Хорошо ешьте. Очень вкусно, т.е приятного аппетита!)

Ӆи'лум – национальное блюдо (по-корякски – *кылыкыл*, в настоящее время еще почему-то называют кирилка). Отваренную рыбу, лосось без костей, натолкут, смешают со свежей шикшей (черной ягодой) и польют нерпичьим жиром. Перемешанное блюдо готово к употреблению. Это в основном летняя еда.

Иӆқ– суп, это в основном уха из рыбы, заправленная черемшой. А бульон из него, кстати очень полезный при желудочных заболеваниях, растройствах, называется *эмқ'*. Хотя и мясной суп тоже называется *иӆқ*, а бульон тоже *эмқ'*.

Ноз – юкола, *нозэ'н* – юколы (мн. ч.);

нозэӆ ннуқзуӆкичэн – юколой питались. Сушеная рыба, освобожденная от хребтины, но в хвосте не разрезанная, чтобы можно было повесить на вешалах, на жердинку.

Сушили юколу весной, когда первая рыба шла, и еще не было мух. Мухи – беда для юколы, т.к. они оставляют "плевки", которые со временем становятся червями, поедающими юколу. Для сушки юколы использовалось и осеннее время, когда мухи после первых заморозков исчезали.

Қа'ач (қавач) – қава'н (мн.ч.) – корюшка. Самая первая для сушки рыба. Раньше ее тоже заготовляли на еду людям и собакам на зиму. Теперь в основном людям. Ее употребляют для супа, в жареном виде, сушеном, копченном, подсоленом. Зимой корюшку как и юколу едят с нерпичьим жиром, если он есть.

Ительмены сушили рыбную икру. Ели ее ранней весной с корнями пучек (шеломайника), использовали для приготовления деликатесного блюда *сылқсылқ* – толкуша.

Сылӄсылӄ (или *сылӄ*) – сначала толкли до измельченного состояния *ӈә'лӈәл* – рыбная икра. В это время замачивают нарезанную высушенную, прокопченную пластину – *алхп* – из отдельно собранных сердцевин стеблей кипрея (иван-чая). Потом икру и вымоченный кипрей толкли вместе, добавляя немного воды, затем топленного нерпичьего жира специально подготовленной для этого случая скалкой – *сэтк'эӡ* (*сэтк'э* – наподобии скалки из дерева). *Сылӄ* – толкуша готова, если вся перемешанная масса будет иметь вид однородной сметанной массы. И уже совсем готовая толкуша должна дополниться шикшей, или вареной сараной, или на худой конец отварным, нарезанным кусочками, картофелем. Ели толкушу с удовольствием, поскольку народ был привычен есть нерпичий жир. И сытно, и вкусно – *кӡчивизи*. Это была и летняя, и зимняя пища.

Ели *ӈә'лӈәл* – сушеную икру и с березовой корой – *ийуӄ'* (камбий). В зимнее время привозили на дрова молодую березу. Брали небольшое полено, после оттаивания снимали с него верхнюю часть коры вместе с берестой. Оставшуюся часть соскабливали и ели вместе с икрой. Некоторые варили кору около двух часов. Слив воду, ели вместе с икрой, некоторые ели и с нерпичьим жиром.

Из мяса (медвежьего, нерпичьего, оленьего, дичи) варили в основном супы или просто отваривали. В настоящее время из мяса научились делать котлеты, пельмени (также рыбные), тушить с картофелем.

Перечень приготовления названных продуктов питания, конечно, этим не ограничивается. Учитель сам может успеть еще что-то записать, пока живы люди самого старшего поколения.

Надо только добавить, что в чести были и различные ягоды, черемша – *мэԓӄэв, мәсҳт*; разные корешки.

Есть еще *пнэӈа, оладь (олатъ), кԓч’лэ’н* (мн.ч.) *кԓч’лэч* (ед.ч.), *ҳэвлы’н* и т.д. (печеная рыба с сараной, сделанный с сырой икрой и сырым кипреем [сердцевиной кипрея], также запеченый в золе, позднее в печке; кислые головки и одна кислая головка; сырые головки).

Учитывая то, что не каждый учитель может найти нужный материал для подготовки урока или внеклассного занятия, предлагается фрагмент из книги С.П. Крашенинникова "Описание земли Камчатки". (изд. ОГИЗ, Москва, 1948 г., стр. 170–172).

"Посуда и другие предметы домашнего обихода камчадалов состоят из чаш и корыт, в которых они варят пищу для себя и для собак, берестяных кужней, употребляемых вместо стаканов, а также саней и лодок. Не было бы необходимости и писать обо всем этом, если бы камчадалы знали подобно другим народам, употребление металлов. Поэтому заслуживает всяческого внимания как их способность делать без железных инструментов: строить, рубить, долбить, резать, шить, добывать огонь и варить пищу в деревянной посуде, так и то, что служило им вместо металлов; обо всем этом, как о вещах мало кому известных, тем более будет вполне уместно сказать, что все изобретенное камчадалами для замены металлов изобретено не культурным и цивилизованным народом, а народом отсталым и грубым, не умеющим сосчитать и до трех. Столь сильна в изобретении необходимых для жизни улучшений, когда они подгоняются нуждой!

Кость и камень заменяли камчадалам металлы почти до появления русских на Камчатке. Из этих материалов делались топоры, ножи, копья, стрелы, ланцеты и иглы. Топоры делались из кости оленя и кита, а также из яшмы и имели вид клина, привязывавшегося плашмя к кривым топорищам, наподобие наших тесел (тонкий клинообразный топор, служащий для обтесывания бревен). С их помощью они долбили свои лодки, чаши, корыта и прочее, однако и с такой затратой времени, что лодку приходилось делать три года, а большую чашу не менее года. Поэтому лодки и чаши и корыта больших размеров вызывали среди камчадалов столько восторга и удивления, как если бы они были художественной работы и сделаны драгоценного металла; всякий острожек, где имелись подобные редкости, похвалялся ими перед жителями других острожков, они служили предметом всеобщей гордости, особенно же кто-нибудь, наварив в одной посуде пищи, мог накормить ею не одного гостя, тем более, что в таких случаях один камчадал съедает столько же, сколько двадцать человек. А варили в такой посуде рыбу и мясо каленными камнями.

Ножи делались из горного хрусталя зеленого или дымчатого цвета, наподобие остроконечных ланцетов, которые насаживались на деревянные черенки. Из того же хрусталя бывали стрелы, копья и ланцеты, которыми и до сих пор продолжают пускать кровь. Швейные иголки делались из собольих костей, причем шили ими весьма искусно не только платье и обувь, но и узоры.

Огнива камчадалов имели вид дощечек из сухого дерева, на которых вдоль края делались дырочки. При вращении ... эти дырочки кругленьких палочек из сухого дерева получается огонь. Вместо трута употреблялась мятая трава – *тоншич*, в которой раздували загоревшуюся при верчении сажу. Каждый камчадал, завернув все эти принадлежности в бересту, носил с собой ... Но другие инструменты: топоры, ножи, иглы и т.п. ценятся настолько высоко, что, со временем появления русских, тот из камчадалов считался богатым, кто был счастливым обладателем какого-нибудь железного обломка. И сейчас у них не пропадает даром даже вершок перегоревшего котельного железа, из которого они делают заклепки, стрелы или что-нибудь полезное, причем вызывает удивление, что они не калят железо, а куют его, положив холодным на камень и употребляя другой камень вместо молотка."

Объясним словами самого же Крашенинникова: кто такой камчадал. В настоящее время вдруг возник вопрос, что камчадалы жили раньше (и всегда), чем ительмены.

"Обе группы (северные и южные) камчадалы называют себя *ительмен*, что значит житель, а в женском роде *ительма*, происходящее, по мнению господина Стеллера, от глагола *ителахса*, что значит живу, а *мен* – человек." (стр. 155, "Описание земли Камчатки", изд. то же).

Некоторые предметы обихода, сохранившиеся до нашего времени: *ьэпхэ* – травяная корзина, предназначавшаяся для сбора и переноски ягод, черемши, сараны и прочее; *оромх* – берестяная посудина для провеивания ягод от лиственного мусора; *мумх* – берестяная посудинка для временного хранения ягоды, рыбной икры ...; *ачал* – берестяной туесок, подвешиваемый на поясе спереди, так чтобы можно было стоя, двумя руками собирать ягоды: жимолость, рябину, черемуху ...

Для выделки шкур, камусов использовалась доска – *фивўс*, длиной сантиметров 60–80; *авўт* – скребок для выделки шкур и камуса. Раньше он делался из камня, а позднее из железа. Обтесывалась деревянная ручка для держания двумя руками с двух сторон. Посередине сбоку делалась выемка, куда и вставлялся при помощи тряпки этот скребок. Такой *авўт* еще можно найти и показать или заказать для показа учащимся и всем желающим, кто хотел бы делать такой скребок.

Предложенный материал, который можно использовать на занятиях, далеко не полный. В библиотеках всегда можно взять или заказать С. П. Крашенинникова "Описание земли Камчатки", В. Н. Тюшова "По западному берегу Камчатки" (Записки Рус. геогрф. общ-ва, 1906, СПб).

Одежда: Традиционной одеждой у ительменов как и у коряков были сшитые из меха *ӄохч* – кухлянка, *пэӽэл* – малахай (шапка), *чопаӄэ – ӄува* – штаны, *лы'л* – рукавицы.

Обувь: *Панзатԓэ'н* – зимние торбаза (длинные и короткие до колен), *хисхә'н* – весенне-осенние торбаза, *чӄатԓэ'н* – повседневные торбаза, *сарэ'н* – летние торбаза, *памйа'н* – меховые чажи.

Как все это сшить и из какого меха очень хорошо рассказала в своей книге Н.К. Старкова "*Ительмены*, Материальная культура XVIII–60-е годы XX века" Изд. "Наука", Москва 1976 г., стр. 96–116.

Да и обо всем другом, что интересует учителя для работы об ительменах, можно найти в этой ценнейшей книге.

Ходила'н. Так в народе ительмены называют мелодию, песню. Как и сказки, ходилы являются важным человеческим документом, рассказывающим об эпохе и среде, в которой они создавались. К сожалению, старинных ительменских песен дошло до нашего времени очень мало. Не получив почвы для дальнейшего музыкального развития, они постепенно терялись в уходящих годах.

Почти триста лет назад в названной книге С.П. Крашенинников писал о песнях ительменов: "Пение камчадалов производит приятное впечатление, в нем нет дикого, как можно видеть из приводимых ниже нот, песни, сложенной камчадалами о подполковнике Мерлине, майоре Павлуцком и студенте

Крашенинникове. В содержании ее нет никакого замысла, а только лишь простые понятия о вещах, которые им кажутся смешными или достойными удивления.

В любовных песнях они говорят о своих любимых, о своей печали и надеждах. По большей части песни слагают девушки и женщины, имеющие чистые и приятные голоса. Из этого можно видеть, что этот народ обладает большими музыкальными способностями. Однако остается достойным удивления то, что камчадалы не изобрели никакого музыкального инструмента, кроме дудок (*ковом*), на которых, однако, они не умеют наигрывать свои песни ..." (стр. 214).

На мотив ходил нами была создана песня "*Ийяночӽ*", стр. 70, упр. 147 учебника для 2 класса "*Итәнмән'ин кәрвәԓхэтас*". В том же учебнике можно найти танец-песню "*Толк'аԓнокэ*", стр. 152, созданный совместно с учителем Я.Л. Жирковым. Стр. 92 – песня-ходила Григория Гавриловича Запороцкого "*Ч'инэӈлаӽ ԓманочӽанкэ*" – на хорошую добычу.

О работе с родителями.

Работа с родителями – это тоже внеклассная работа. Она может помочь в изучении родного языка и истории народа. Можно проводить и родительские собрания, и походы с родителями, и различные занятия, которые могут помочь в возрождении. Здесь важна очень тонкая психологическая подготовка: возрождая свои национальные традиции, обычаи, язык, народ, надо стараться не выпячивать именно свой народ, не обидеть, не оскорбить национальные чувства соседствующего, рядом живущего народа, человека. Так уж исторически сложилось, что для каждого рядом живущего его земля – это и твоя земля.

Интересные темы для обсуждения на родительских собраниях:

1) Роль семейных традиций в воспитании детей.
2) Содружество семьи и школы.
3) О традиционных занятиях в национальном селе:
а) Воспитание любви к природе.
б) Бережное отношение к природе (лесу, тундре, птицам, рыбам, зверям и т.д.).
в) Воспитание любви к труду.
г) Чему вы можете научить детей (шить вообще, шить из меха; вырезать из дерева, кости и т.д.)
д) Вместе с родителями – танцы, песни, концерты.

В ходе работы учитель сам увидит, что еще можно делать, сделать. То есть не надо забывать, что первые помощники учителю – это родители, бабушки и дедушки, которые и являются нашими пока еще живыми "энциклопедиями".

В течение года желательно проводить кружки по родному языку: раз или два в месяц собираться во внеурочное время, где будут обсуждаться собранный учениками материал о народных обычаях, традициях, песни, сказки на ительменском языке; о труде рыбаков, охотников; возможны показы инсценированных сказок и другой программы не только участникам кружка, но и родителям, учащимся школы.

Очень хорошо оформить собранный материал в стенды, а лучше в альбомы, потом в школьный музейный уголок, музей. Тот или иной собранный материал поможет провести интересный ход недели родного языка: конкурсы рисунков, стихотворений, загадок, национальных игр и состязаний, самодельных книжек, карточек и др. Интересным будет и общешкольный вечер. К этому вечеру, к праздничным датам, неделе родного языка подготовить выпуск газеты – тоже очень важная деталь в изучении родного языка. Тема газеты – по усмотрению учителя, учащихся, а иногда и по совету родителей.

ПРИЛОЖЕНИЕ 9

Методическая копилка

1. Если есть возможность, хорошо бы иметь в школе кабинет родного языка. В кабинете могут находиться:

- словари;
- книги о языке и на родном языке для внеклассного чтения (будем очень надеяться, что таковые скоро появятся);
- работы по методике преподавания по родному языку;
- экранные пособия: диафильмы, слайды;
- звуковые пособия: пластинки с песнями, магнитофонные записи, помещенные в коробки и поставленные в вертикальное положение;
- таблицы и дидактические карточки по классам, темам – все в коробочках, таблицы с присоблениями для вешания на уроке;
- материалы текущей периодической печати, сложенные в папки.

2. Зная то, что много молодых учителей не особенно хорошо владеют родным языком, предлагаются такие рекомендации: Зачем учу родной язык? (такой вопрос можно поставить и перед всеми изучающими его): чтобы понимать и любить свой народ, его прошлое, настоящее и будущее; какую пользу можно принести своему народу; как сохранить культуру и приумножить ее традиции, а значит и язык.

Разговор на родном языке о серьезных делах рождает духовную общность, заинтересованность детей и взрослых. Ежедневное занятие не менее 60 минут рекомендуется строить по следующему плану:

а) Прочитать вслух фонетические упражнения (3–4 раза).
б) Прочитать и запомнить (вспомнить) грамматику и правила чтения.
в) Читать тексты вслух.
г) Выполнять несколько устных и письменных упражнений и проверять правильность письменных заданий по школьным учебникам.

3. Национальное оформление кабинета: орнамент, наглядные поделки из национальной жизни, рисунки ...

4. Кое-что о словах. Этот раздел учитель может сам продолжить: Интересно, что слово "голова" – у рыбы *ӽэвлыч*, у человека – *ктхэӈ*, у животного – *чаӄол (чэӄол)*.

Родственники – *тыну'н*:
брат брату, сестра сестре – *силлатумх*;
брат сестре – *ӄыткинэӈ*;
сестра брату – *лылыхԓ*;
старшая сестра – *ньанья*;
старший брат – *аљa*;

Медведь – *мэт'ск'э, мэт'ск'ай, массу, массук'ай*;
старый медведь – *эԓэвйак*;
старый, отделившийся от других медведей, живущий вблизи нерестового ручья и никуда далеко не уходящий – *йаӈсалаӈ (йаӈсалай)*;
медведица – *матуха (матухай)*;
медвежонок – *кэзмамч*.

5. О магнитофонных записях

Большую помощь в изучении языка оказывают магнитофонные записи и грамзаписи. Дети внимательно слушают произношение слов, звуков, и им легче их запоминать.

Если учитель обладает магнитофоном, или таковой имеется в школе, то он сам может помочь себе в изучении языка. Особенно хорошо, если в школе есть лингафонный кабинет, где каждый ученик может иметь наушники.

ПРИЛОЖЕНИЕ 10

Мәзвин крвэԓӽэтас лэм ч’инәӈлаӽ, ӄа’тх ттэ’ан
Наш язык тоже красивый, как русский

Таблицы подготовлены:
Запороцкой Галиной Афанасьевной
Заевой Татьной Константиновной

Ительменский алфавит

Аа	Бб	Вв	Гг	Дд	Ее	Ёё	Жж	Зз	Ии	Йй
Кк	К’к’	Ӄӄ	Ӄ’ӄ’	Лл	Љљ	Ԓԓ	Мм	Нн	Њ њ	Ӈӈ
Оо	Пп	П’п’	Рр	Сс	Тт	Т’т’	Уу	Фф	Хх	Ӽӽ
Цц	Чч	Ч’ч’	Шш	Щщ	ъ	ы ь	Әә	Ээ	Юю	Яя

’ гортанный смычный

° знак огубления

˘ знак краткости: ă, ŏ, ў, ə̆, э

Схема строения артикуляционного аппарата

1. верхние губы
2. нижние губы
3. верхние зубы
4. нижние зубы
5. кончик языка
6. альвеолярный отросток
7. твёрдое нёбо
8. мягкое нёбо
9. язычок (*эрмэчҳ*)
10. надгортанник

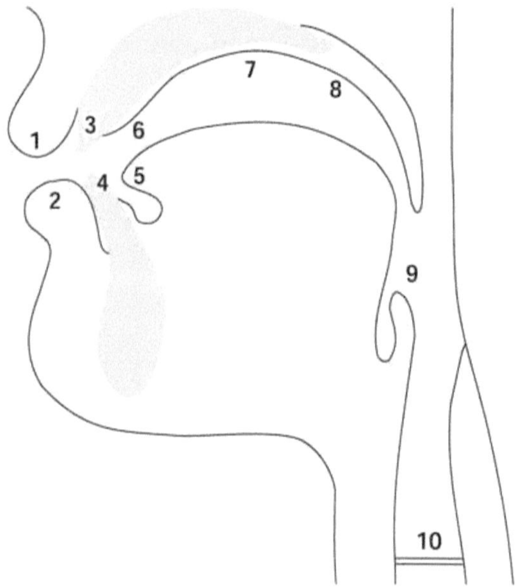

Артикуляция

ә раздался звук в горле

’ как будто звук застрял в горле

ӄ как будто травка застряла в горле и её надо вытащить

к’ пощёлкаем язычком в горле

ӄ’ пощёлкаем ещё глубже в горле

ҳ “храпанём” в горле

ӈ при произношении звука воздух не проходит через нос

ԓ как будто много слюней выдувается через уголки рта

п’ губы надо сомкнуть и “взорвать” их глухо

т’ при помощи языка “взорвать” звук о верхние зубы

ч’ при помощи середины языка “взорвать” звук о нёбо

Произноси правильно

к’ ӄ ӄ’ љ ԓ њ ӈ
п’ т’ ӽ ч’ ’

Гласные звуки ительменского языка

ряд / подъём	передний	средний	задний
верхний	и		у
средний	э		о
нижний		а	

ә – неопределённый гласный

Согласные звуки ительменского языка

по месту образования / по способу образования	губно-губные губно-зубные	передне-язычные	средне-язычные	задне-язычные	увулярные
смычные (или взрывные)	б п п'	д т т'		г к к'	ӄ ӄ'
щелевые (или фрикативные)	в ф	з с ж ш	й	х	ӽ
смычно-м носовые		н њ		ӈ	
смычно-боковые		ԓ љ ԓ			
аффрикаты		ц ч ч'			
дрожащие		р			

увулярный звук произносится без помощи языка

Морфология

к'э тыʼн? кто это? *әӈӄа тъʼн?* что это?	*әӈӄа скәзнэн?* что делает? *әӈӄа нскәзнэʼн?* что делают?	*манкэнан? саӄ? мин?* какой? какая? какие?
названия предметов ——— имена существительные	названия действия ——— глаголы	названия признаков ——— имена прилагательные

Категория числа имени существительного

единств.	множеств.	общее
ӄэԓч’ум комар	*ӄэԓч’у’н* комары	*ӄэԓч’увал* комарьё
стотэм куст кедрового стланника	*сто’н* кусты кедрача	*стовал* заросли кедрача
кламԓ муха	*кламԓа’н* мухи	*кламԓал* тучи мух
вач камень	*ва’н* камни	*ва’ал* много камней
ч’амзаӈԓӽ человек	*ч’амзанла’н* люди	*ч’амзанлал* народ

кист – кист<u>э’н</u>
анӑс – анӑз<u>а’н</u>
у’ – у’<u>и’н</u>
амӈэл – амӈэ<u>’</u>л (ач’ал – ач’а<u>’</u>л)
њэњэкэчӽ – њэњэкэ<u>’</u>њч (бабучӽ – бабу<u>’</u>њч)

Нестандартные имена существительные в единств. и множеств. числе

әлвалэӈ – и’л
лоӈ – лу’л
ч’ит – ч’сы’н

Показатели падежей имён существительных

1.	абсолютный	∅
2.	местный	*-анк, -энк*
3.	направ.-дательный	*-анкэ, -кэ*
4.	исходно-продольный	*х’а’л*
5.	инструментальный	*-ӈ*
6.	звательный	*э, -а*
7.	сопроводительный I	*к’ - ... -ӈ*
8.	сопроводительный II	*к’ - ... -чом*
9.	лишительный	*ӄа’м, °касфаӄ*
10.	каузально-повествовательный	*-кит, -кэт*
11.	назначительный	*-’сх*
12.	превратительный	*-к’а, -к’н*

Склонение одушевлённого имени существительного (*исх* – отец)

название падежа	форма падежа	перевод
абсолютный	*исх*	отец
звательный	*исх-э!*	отец!
местный	*исх-энк*	у отца
направительно-дательный	*эсх-анкэ*	отцу, к отцу
исходно-продольный	*эсхэ-х'ал*	от отца
сопроводительный I	*к'-исхэ-ԓ*	с отцом
сопроводительный II	*к-эсх-чом*	с отцом
лишительный	*қа'м исх-ақ*	без отца
каузально-повествовательный	*исх-кит*	из-за отца, об отце
назначительный	*исхэ-'сх*	в качестве отца
превратительный	*исх-к'н*	отцом

Склонение неодушевлённого имени существительного (*°касф* – топор)

название падежа	форма падежа	перевод
абсолютный	*°касф*	топор
инструментальный	*°касфа-ԓ*	топором
местный	*°касф-анк*	на топоре
направительно-дательный	*°касф-анкэ*	к топору
исходно-продольный	*°касф-х'ал*	от топора
сопроводительный I	*°к-касфа-ԓ*	с топором
сопроводительный II	*°к-касф-чом*	с топором
лишительный	*ӄа'м °касф-аӄ*	без топора
каузально-повествовательный	*°касф-кит*	из-за топора, о топоре
назначительный	*°касфэ-'сх*	в качестве топора
превратительный	*°касф-к'а*	топором

Глагол видовременные формы

прошедшее незавершённое	*твилӄзукичэн*	я пил
прошедшее завершённое	*твилкичэн*	я попил, напился
настоящее постоянное	*твилӄзускичэн*	я пью (всё время)
настоящее конктретное	*твилəскичэн*	я пью
будущее незавершённое	*твилӄзаԓкичэн*	я буду пить
будущее завершённое	*твилаԓкичэн*	я напьюсь, попью

Структура глагола (“я захочу пить”)

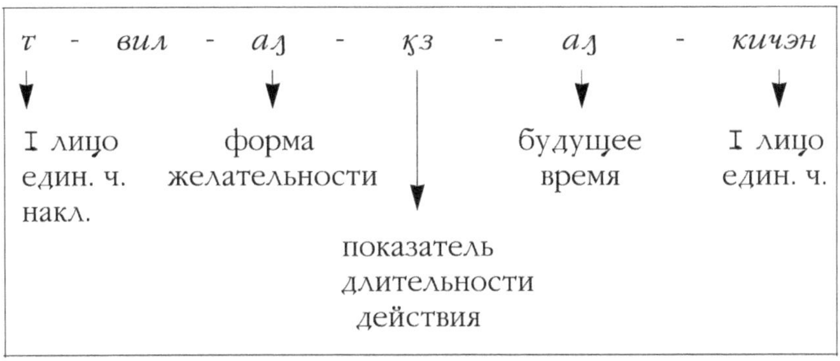

Глагол изъявительного наклонения

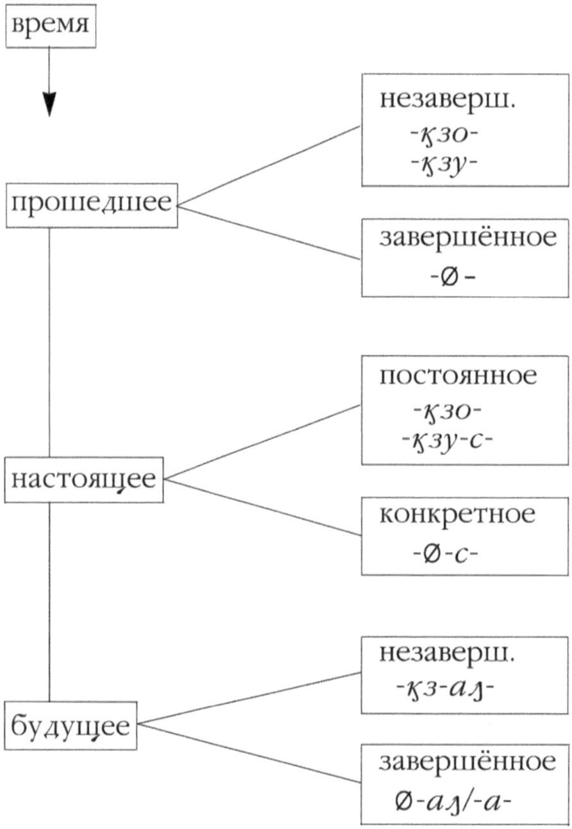

Глагол повелительного наклонения

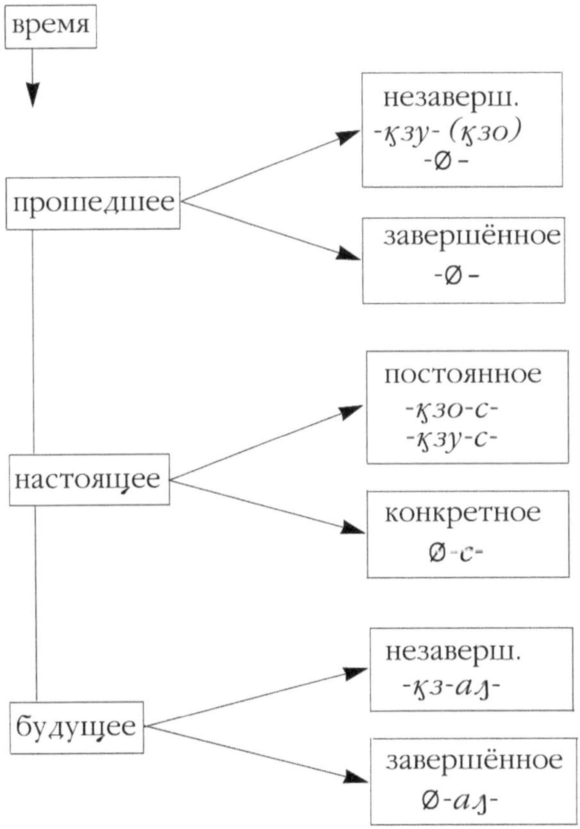

Аффиксы лица в повелительном наклонении

	ед. ч.		мн. ч.
1 л.	*м- … -кичэн*	1 л.	*мэн- … -кичэн*
2 л.	*ӄ- … -хч*	2 л.	*ӄ- … -сх*
3 л.	*хăн- … -эн*	3 л.	*хăн- …-э’н*

Глагол “*ʝкас*” имеет корень “*ʝ*”. Нр. : *тʝӄзукичэн, ʝӄзувэн.* Но в настоящем времени этот корень исчезает: *тскичэн, сын.*

Местоимение

Изменение личных местоимений

	ед. ч.	мн. ч.
1 л.	*кэмма*	*муза’н*
2 л.	*кэзза*	*туза’н*
3 л.	*энна*	*итӽ*

Склонение личных местоимений

абсолютный	*кэмма*	*муза’н*
местный	*кэмманк*	*мэзвинк*
направительно-дательный	*кэмманкэ*	*мăзванкэ*
исходно-продольн.	*кэмманх’ал*	*мăзванх’ал*
каузально-повествовательн.	*кэмманэкит*	*мэзвинэкит*

Спряжение глагола *"вэлкас"* (нить)

время / лицо	прошедшее незаверш.	прошедш. заверш.
кәмма	*т-вил-қзу-кичэн*	*т-вил-кичэн*
кәзза	*вил-қзу-ч*	*вил-ч*
әнна	*вил-қзу-вен*	*вил-эн*
муза'н	*н-вил-қзу-кичэн*	*н-вил-кичэн*
туза'н	*вил-қзу-сх*	*вил-сх*
итх̧	*вил-қзу-вэ'н*	*вил-э'н*

время / лицо	настоящее постоянное	настоящее конкретн.
кәмма	*т-вил-қзу-с-кичэн*	*т-вилэ-с-кичэн*
кәзза	*вил-қзу-с-ч*	*вилә-с-ч*
әнна	*вил-қзу-з-эн*	*вилә-з-эн*
муза'н	*н-вил-қзу-с-кичэн*	*н-вилэ-с-кичэн*
туза'н	*вил-қзу-с-сх*	*вилэ-с-сх*
итх̧	*вил-қзу-з-э'н*	*вилэ-з-э'н*

время / лицо	будущее незаверш.	будущее заверш.
кәмма	*т-вил-қз-аӆ-кичэн*	*т-вил-аӆ-кичэн*
кәзза	*вил-қз-аӆ-ч*	*вил-аӆ-ч*
әнна	*вил-қз-а-хэн*	*вил-а-хэн*
муза'н	*н-вил-қз-аӆ-кичэн*	*н-вил-аӆ-кичэн*
туза'н	*вил-қз-аӆ-сх*	*вил-аӆ-сх*
итх̧	*вил-қз-а-хэ'н*	*вил-а-хэ'н*

Таблица инфинитивов

I инфинитив	*=ка=с*	*=с*
II инфинитив	*=киӷӽ / =каӷӽ*	
III инфинитив	*к=кнан / =кнэн*	*к=’ин/ =’ан*
IV инфинитив	*=кнэн / =кнан*	
V инфинитив	*=ки / =ка*	
VI инфинитив		*=ӷ*

Личные аффиксы глагола субъектного спряжения

лицо	единств. число
1 л.	*т- / - / -кичэн*
2 л.	*∅ - / - / -ч*
3 л.	*∅ - / - / -вэн*

лицо	множеств. число
1 л.	*н- / - / -кичэн*
2 л.	*∅ - / - / -сх*
3 л.	*∅ - / - / -вэ’н*

Склонение местоимения *“к’э”* (кто)

падежи	форма слова	перевод
абсолютный местный направ.-дательный исходно-продольн. каузально-повествов.	*к’э - Ø* *к’э - нк* *к’анкэ* *к’анх’ал* *к’энкит*	кто у кого, на кого, в ком к кому от кого из-за кого, о ком

Склонение местоимения *“әӈқа”* (что)

падежей	местоимение	перевод
абсолютный местный направ.-дательный исходно-продольн. инструментальный сопроводительн. I сопроводительн. II каузально-повествов. назначительный	*әӈқа - Ø* *әӈқа - нк* *әӈқанкэ* *әӈқанх’ал* *әӈқаӆ* *к’әӈқаньӆ* *к’әӈқаньчом?* *әӈқанкит* *әӈқанэ’сх*	что на чём, в чём к чему, на что от что чем с чем с чем из-за что, за чём на что, за чем, для что

ЛИТЕРАТУРА

1. Журналы “Начальная школа” (1989–1991 г.)
2. Сб. “Просвещение на Крайнем Севере” – 14 (А.П. Окладников стр. 62)
   Но. 21 (Ч.К. Таксами стр. 94–103)
   Но. 23 (Р.К. Черников стр. 110–111)
3. С.П. Крашенинников “Описание земли Камчатки” (ОГИЗ, Москва, 1948 г., ч. III)
4. Н.К. Старкова “Ительмены” (материальная культура XVIII–60-е годы XX века) – Изд. “Наука” Москва 1976 г.
5. К.Н. Халоймова
   1) поурочные планы за время работы в школе преподавания родного языка;
   2) Загадки, стихи, физминутки с некоторыми переводами с русского языка.
6. Методические рекомендации к преподаванию родного (корякского) языка (Изд. п. Палана, 1989 г.)
7. “Язык – основа культуры народа, его история” (Газета “Знамя Ленина”, 1 ноября 1989 г., из опыта работы Воямпольской начальной школы (сейчас средняя).
8. А.П. Володин “Ительменский язык” – Изд. Л. 1976 г.
9. А.П. Володин, К.Н. Халоймова “Словарь ительменско-русский и русско-ительменский”. Пособие для учащихся начальной школы – Изд. “Просвещение”, Л., 1989 г.
10. Т.А. Запороцкая, Н.К. Заева “Таблицы по грамматике ительменского языка (рукопись).

СОДЕРЖАНИЕ

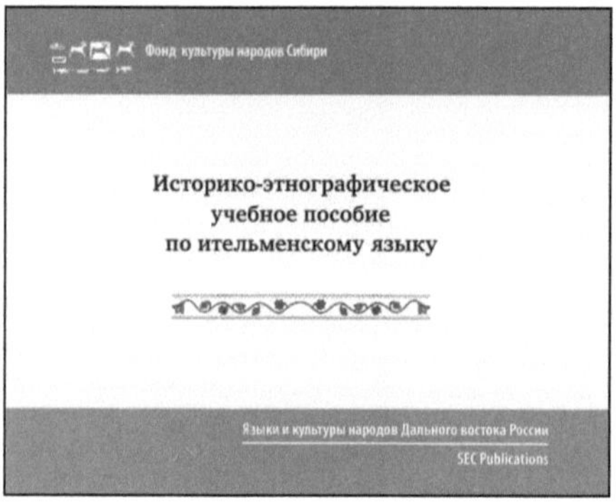

Халоймова К.Н., Дюрр, М., Кастен, Э., Лонгинов, С. (авторы)
Клуб «Камчадалы» с. Мильково (сбор материала мильковских камчадалов)

Историко-этнографическое учебное пособие по ительменскому языку [Historic-ethnographic teaching materials for the Itelmen language]

2012, Fürstenberg: Kulturstiftung Sibirien
164 pp., Euro 18, pb,
ISBN: 978-3-942883-10-8

Languages & Cultures of the Russian Far East – www.siberian-studies.org/publications/lc_R.html

Эрих Кастен, Михаэль Дюрр (составители)

Ительменские тексты
Itelmen texts

Ительменские тексты с переводами на русский и английский языки. Книга содержит документацию прежде всего воспоминаний о жизни в прошлом в ительменских селах на западном побережье Камчатки, также сказок и песен.

2015, Fürstenberg/Havel: Kulturstiftung Sibirien
114 pp., Euro 18, pb,
ISBN: 978-3-942883-22-1

Languages and Cultures of the Russian Far East
www.siberian-studies.org/publications/itelmentexts.html

Михаэль Дюрр, Эрих Кастен (составители)

Говорящий ительменский словарь

Этот электронный словарь, предлагаемый здесь в интернете, содержит примерно 550 записей. Русская версия предназначена прежде всего для школ и заинтересованных местных жителей на Камчатке. Она предлагает простой доступ к ценным звуковым документам последних носителей ительменского языка.

2015, Fürstenberg/Havel: Kulturstiftung Sibirien

Languages and Cultures of the Russian Far East
http://www.kulturstiftung-sibirien.de/itd_R.html